손상된 행성에서
더 나은 파국을 상상하기

손상된 행성에서
더 나은 파국을 상상하기

손희정

자본주의의 끝과 인간-너머를 말하다

메멘토문고 나의독법

"세상은 점점 더 뜨거워지고, 빨라지며, 미쳐가는데,
우린 멈추지도, 생각하지도, 배우지도 않고
다가올 재앙으로 질주하기만 해요."

—이디스, 〈이어즈 앤드 이어즈〉

즉, 이야기하기. 어떤 생각들이 생각들을 하는지가 중요하다.
어떤 이야기들이 이야기들을 이야기하는지가 중요하다.

—도나 해러웨이, 『트러블과 함께하기』

[차례]

질병X와 무지를 선택한 인간, 호모 이그노란스

2000년대 중반 즈음의 일이다. 암스테르담 국제 다큐멘터리 영화제(IDFA)에 참여할 기회가 있었는데, 그해 영화제의 주요 관심사는 지구온난화였다. 극장에서 인간이 지구를 망치고 있다고 외치는 다큐멘터리가 상영되는 와중에 부대 행사에선 인간 따위가 지구를 망칠 수 없다고 주장하는 이가 '기후위기론자'들을 비웃었다. 그에 따르면 기온 상승은 간빙기 때문으로, 지구사의 운명과도 같은 것이었다. 그리고 그해 11월, 암스테르담은 너무 추웠다. 나는 오들오들 떨며 별생각 없이 농담을 내뱉었다. "이렇게 추운데 지구온난화가 웬 말이죠?" 그때 옆에 있던 지인이 이렇게 답했다. "겨울은 더 추워지고 여름은 더 뜨거워지는 게 온난화의 효과니까요." 작년 겨울, 부산에서 체감 온도기 영하 20도까지 떨어졌다는 소식을 들었을 때 나는 그날의 암스테르담을 떠올렸다.*

그는 온화하게 웃고 있었지만, 그 미소에는 날카로운 메시지가 담겨 있었다. 정신이 번쩍 들었다. '이렇게 모르기 때문에 아무 말이나 하는 인간으로 살다가 죽을 수는 없지 않나?' 하지만 깨달음은 짧았고, 실천은 오래가지 못했다. 또 그럭저럭 대-충 아는 상태로 살았다. 시간이 갈수록 무지에 대한 죄책감조차 희미해졌다. 그러다가 암스테르담에서 나를 사로잡은 감정과 닮은 당혹감과 부끄러움을 다시 마주한 건 2020년 초였다. 모든 뉴스가 코로나19 확진자와 사망자 숫자를 고지하는 내용으로 시작하던 바로 그때.

다들 예상하지 못했고 경험해보지도 못한 거대한 규모의 재난 앞에 넋이 나간 것 같았다. 나 역시 그런 기분에 침잠해 있었다. 하지만 정말 그랬을까? 코로나 팬데믹이 시작된 직후 "코로나19의 발생과 확산을 정확하게 예언한 작품"이라는 평가를 받으면서 일종의 문화적 성지(聖地)가 되었던 스티븐 소더버그(Steven Soderbergh)의

* 2022년 겨울, 한국은 물론 전 세계적으로 많은 이들이 꼼짝하지 않는 추위로 목숨을 잃었다. 그 이유는 지구온난화였다. 기온이 오르자 북극의 해빙(海氷)이 녹으면서 공기 중으로 증발한 습기가 북극의 차가운 공기를 확장했다. 그것이 제트기류를 밀어내면서 지독한 추위가 남쪽으로 내려온 것이다. 지구 시스템은 정말 과학적이고 신비롭다.

〈컨테이젼(Contagion)〉(2011)은 우리 인간이 사실은 이 사태를 이미 예상했다는 걸 보여준다. 영화는 홍콩 출장에서 돌아온 다국적기업의 임원인 베스(귀네스 펠트로 분)가 발작과 함께 급사하면서 시작한다. 얼마 지나지 않아 세계 각국에서 사람들이 같은 증상을 보이며 집단으로 사망한다. 지금까지 인류가 경험해보지 못한 전염률과 치사율을 보이는 신종 바이러스의 등장이었다. 이 바이러스에 대응하기 위해 미국 질병통제센터(CDC)와 세계보건기구(WHO)가 신속하게 움직이며 최초 발병경로를 추적하고 백신 개발에 착수한다. 그렇게 해서 드러나는 팬데믹의 원인은 홍콩의 깊은 산속 동굴에 사는 박쥐였다. 사람들의 열광 지점이 바로 여기였다. "와, 코로나바이러스와 똑같다!"

사실 이 작품의 가장 뛰어난 점은 '중국-박쥐'에게 질병의 원죄를 물었던 것이 아니라 자본주의를 지탱해온 전 지구적 분업 체제를 시각화한 것이었다. 영화는 홍콩의 오지에 서식하는 박쥐에 기생하는 코로나바이러스가 어떻게 미국의 글로벌기업에서 일하는 백인 엘리트 여성에게까지 도달했는가, 그리고 그 과정에서 세계화가 어떤 역할을 했는가를 촘촘하게 묘사해낸다. 미국에 본사를 둔 다국적기업이 원료 원산지인 아시아를 난개발하면서 야생 삼림이 파괴된다. 이 탓에 인간과 박쥐 서식지의 거리가 가까워지고, 박쥐에 기생하는 바이러스가 목장에서 사육하는 '식용 돼지'의 몸으로 이동한다. 그 돼지를 요리한 요리사가 다국적기업의 임원과 악수를 나누면서 바이러스는 '감염병'으로 활성화되고, 전염원인 인간과 함께 비행기를 타고 미국으로 건너간다.

이는 박쥐와 감염병에 대한 정확한 묘사이기도 하다. 우리는 박쥐를 전염병의 원천처럼 여기지만, 실제로 박쥐가 인간에게 직접적으로 질병을 옮기는 경우는 드물다. 박쥐는 그다지 공격적인 동물이 아닐뿐더러 특별한 이유 없이 인간을 무는 일도 별로 없다. 인간이 박쥐의 서식지를 파괴하거나 박쥐가 좋아할 만한 건축물을 지어 인간 가까이 불러오지 않는다면, 전염병을 이유로 그들을 두려워할 필요가 없는 것이다. 오히려 전염병에 있어서만은 박쥐가 인간에겐 꽤 고마운 동료다. 말라리아, 뎅기열, 지카 등 질병을 옮기는 곤충들을 잡아먹기 때문이다. 물론 인간이 사냥, 과도한 박해, 서식지 파괴 등으로 다양한 박쥐 종을 멸종 단계로 밀어 넣고 있다는 점에서 양자의 동료 관계를 말하긴 어렵지만 말이다.(피터 S. 알

레고나 2022, 236-259)

또 한 가지 주목할 만한 건 영화가 전염병의 감염 경로를 그리면서 미국과 아시아를 극명하게 대비하는 방식이다. 아시아는 바이러스의 산지(産地)로서 원시성의 이미지에 갇히고(마천루의 도시이자 한때 아시아 금융의 중심지였던 홍콩인데도 말이다) 미국은 결국 바이러스라는 원시적인 적을 극복하는 문명국의 자리에 배치된다. 이건 한편으론 이미지가 유통되는 글로벌 시각장(視覺場)*이 소위 '세계화'라는 그럴듯한 이름으로 포장된 '지역적 불균등 발전'(데이비드 하비, 2014)과 무관하지 않다는 사실을 의도치 않게 폭로한다. '손을 씻지 않는 홍콩 요리사'라는 이미지를 별 고민 없이 사용하는 게으름은 코로나19(Covid19)라는 공식 명칭을 두고 굳이 '우한 바이러스'라고 부르겠다고 고집을 부리는 혐오 정서와 하나의 뿌리를 가지고 있기 때문이다. 야생동물을 먹는 '괴식 문화'는 중국인만의 풍속도 아니고, 야생동물로 인해 인간이 인수공통감염병에 취약해진 건 서구 문명이 '정상적인

* 시각장이란 표현은 피에르 브루디외의 장(field) 개념에 기댄 것으로, 글로벌 시각장은 각종 시각 문화를 중심으로 전 지구적으로 펼쳐져 있는 문화적이고 사회적인 공간을 의미한다. 이 글로벌 시각장 안에서 시각 문화는 상품일 수도 텍스트일 수도 있으며, 때로 담론의 구심점이 되기도 한다.

산업'이라고 생각하는 가축 사육의 과도한 확장 때문이기도 하다. 하지만 서구는 언제나 타자에게 야만의 낙인을 찍으면서 정치, 경제, 문화적인 헤게모니를 확보하고 지금의 세계 질서를 정당화해왔다. 이런 이미지의 배치 속에서 〈컨테이젼〉이 과속방지턱 하나 없이 미국식 영웅주의로 미끄러져 들어가는 건 어쩌면 당연한 일이다. 누군가 "미국 질병관리국 홍보영화 같다"라며 비아냥거린 건 이 때문이었다.

그래도 〈컨테이젼〉은 소름이 돋을 정도로 코로나19를 잘 보여준다. 〔영화에 마스크를 안 써도 된다고 우기면서 멋대로 움직이다 감염되고 마는 멍청한 미국 대통령은 등장하지 않지만 말이다. 하지만 그런 황당한 일이 벌어지리라고 누가 상상이나 할 수 있었겠는가? 이런 재현은 포스트-트럼프 서사라 할 수 있는 〈돈 룩 업(Don't Look Up)〉(애덤 맥케이, 2021)*

---

* 사람들이 진실을 보려고 하기보다는 듣고 싶은 이야기를 따르는 탈진실 시대에 대한 신랄한 풍자를 선보이는 블랙코미디. 영화는 천문학과 대학원생인 케이트(제니퍼 로렌스 분)와 담당 교수 랜들(리어나도 디캐프리오 분)이 거대한 혜성이 지구를 향해 날아오고 있다는 사실을 발견하면서 시작된다. 거의 99.9퍼센트의 가능성으로 이 혜성이 지구와 충돌해서 인류가 멸망할 것이라는 사실을 발견한 것. 남은 시간은 6개월 남짓. 두 사람은 미국 대통령도 찾아가고 언론에 제보도 하지만, 모두 각자의 이해관계 안에서 이걸 어떻게 이용할까만 생각할 뿐 제대로 신경 쓰지 않는다. 인간은 빠른 속도로 날아오고 있는 에베레스트만 한 혜성과 지구의 충돌을 막아낼 수 있을까? 이런 충돌의 주제를 다룬 〈아마겟돈(Armageddon)〉(마이클 베이, 1998)

에 가서야 가능해졌다.) 그것이 감독 스티븐 소더버그의 통찰 덕분이었을까? 그렇지 않다. 이 영화는 인류의 달력이 21세기로 넘어온 이후 5년 주기로 발병했던 사스와 메르스 같은 감염병에 대한 철저한 자료 조사에 기반한 현실 재현이었을 뿐이다. 예언이 아니라 역사적 기록에 기댄 예측에 가까웠던 셈이다.

실제로 2018년 초 제네바에서 열린 세계보건기구 회의에서 '2018 연구 개발 청사진'을 제출한 연구자들은 '질병X'에 대해 경고했다.

다음번에 대유행 감염병은 인류가 만난 적이 없는, 알려지지 않은 새로운 병원체가 일으킬 것이다. 질병X는 동물에서 유래한 바이러스에 의한 것일 가능성이 높다. 질병X는 경제 개발 탓에 사람들과 야생동물이 접촉할 수밖에 없는 지구상 어디엔가에서 출현할 것이다.

이 경고에서 볼 수 있는 것처럼 인간 종은 코로나 팬데믹이 닥쳐오리라는 사실을 알고 있었다. 그럼 미리 백

이 미국식 남성영웅주의로 혜성을 돌파해낸다면, 〈돈 룩 업〉은 그런 해피엔딩은 꿈도 꾸지 말라고 비웃는다.

신을 만들어 준비했으면 되지 않았을까? 전문가들에 따르면 이건 불가능한 일이다. 박쥐로부터 인간에게 전염되어 사스와 메르스, 그리고 코로나19까지 불러온 코로나바이러스는 100여 종이 넘으며, 성격상 변이가 빠른 RNA 바이러스이기 때문(송대섭, 2020)이다.* 무엇보다 백신은 〈컨테이젼〉의 영웅주의가 그리는 것과 달리 공공재가 아니다. 시장성 없는 백신은 만들어지지 않는다. 테크놀로지는 자본 위에 서 있는 과학의 다른 이름이고, 이런 테크놀로지로는 바이러스에 완벽하게 대응하기 어렵다. 시장과 자본은 인간의 생명을 구하는 것에 크게 관심이 없을 뿐만 아니라, 대체로 (의도적으로) 무능하다.

　질병X를 초래하는 바이러스는 정복의 대상이 아니라 그냥 그 자리에 자신의 모습대로 평온하게 머물도록 내버려둬야 하는 타자다. 그리고 그렇게 하기 위해서는 우리가 '인간적'이라고 생각하는 삶의 많은 부분을 변화

---

* 　RNA 바이러스는 높은 돌연변이 발생률 때문에 엄청난 전염력을 가지며, 때로 치사율을 높이거나 줄이면서 지속적으로 살아남고, 거의 모든 생물의 면역 체계를 압도한다. 그런데 '거의 모든 생물'에 속하지 않는 종이 바로 박쥐다. 그런 의미에서 박쥐는 경이롭기도 한데, 이런 경이를 대중문화의 상상력으로 옮겨놓은 것이 마블의 안티히어로 모비우스다. 어렸을 때부터 희귀 난치 혈액병을 앓아온 천재 의사 모비우스는 흡혈박쥐의 생명력을 이용해 치료제를 개발한다. 그 치료제가 그를 다크히어로로 변신시키면서 이야기가 본격적으로 시작한다.

시켜야 한다. 인간성(humanity)의 재구성이 필요한 것이다. 우리는 이런 경고를 계속 무시하고 모른 척해왔다.[*] 호모 사피엔스가 호모 라피엔스, 즉 "약탈하는 인간"(존 그레이, 2010)으로 '진화'하는 과정에서 갈고닦은 놀라운 자질 중 하나는 어쩌면 '기꺼이 모르기를 선택하는 재주'일지도 모르겠다. 나는 그런 인간을 무지를 선택한 인간, 호모 이그노란스(Homo ignorans)로 부르고 싶다.[**] 파국의 여러 징후 속에서도 가속페달을 밟고 있는 우리에게 꽤 잘 어울리는 이름 아닌가?

지구의 평균기온이 또다시 비공식 수치이긴 하지만 사상 최고를 기록한 날, 나는 이 책을 쓰기 시작했다. 미

---

[*] 나는 「젠더링 뉴노멀」에서 이 문제를 '닭고기의 평등'이라고 말하고 비판했다. 우리의 민주주의는 자본주의와 분리 불가능하게 얽힌 상태에서 평등을 상상해왔다. 축산의 공장화와 육류의 대량생산은 인간이 저렴한 가격으로 육식을 즐기게 해주었고 '닭고기의 평등'을 가져왔다. 하지만 그런 육식의 평등이 과연 평등인가?(손희정, 「젠더링 뉴노멀」, 김만권·손희정 외, 『도래할 유토피아들』, 알렙, 2021)

[**] 책의 초고를 완성하고 난 뒤 실제로 심리학에서 '호모 이그노란스(Homo Ignorance)'라는 개념을 사용하고 있다는 걸 알게 되었다. 이는 경제적 인간(Homo Economicus), 직관적 인간(Homo Heuristicus)과 함께 정보처리 과정에서 의도적으로 정보를 회피, 무시하는 유형의 하나다. 무지한 인간은 자신의 정체성을 위협하는 정보를 접하면 이를 주저 없이 거부하는데, 정보 회피, 정보 무시, 정보 왜곡 등 세 가지 형태가 이들이 정보를 무시하는 방식이다. 스웨덴 린셰핑대학 팅회그 교수 연구팀의 연구 내용을 정리한 기사(곽숭욱, 「좋은 놈, 나쁜 놈, 이상한 놈이 '무지'를 선택하는 이유」, 《DBR》, 2023.04)를 참고했다. https://dbr.donga.com/article/view/1202/article_no/10813/ac/magazine(최종 검색일: 2023년 11월 28일)

국 메인대학교 기후변화연구소가 분석한 미 국립환경 예측센터(NCEP) 자료에 따르면 지구의 평균기온은 오늘 17.23도를 기록했다고 한다. 어제의 17.18도에서 다시 상승한 수치다. 아프리카 일부 지역의 기온이 50도를 넘었고, 남극은 8.8도를 기록했으며, 인도에서는 극심한 폭염에 100명이 넘는 사망자가 발생했다는 뉴스가 하루가 멀다 하고 들려온다. 한국 역시 연일 온열질환으로 사망한 노동자에 대한 소식으로 뜨겁다.*

지난 3년은 〈더 로드(The Road)〉(존 힐코트, 2009)**의 첫 장면처럼 답답하고 불안했다. 사방이 불타고 있는데

---

* 8월 6일 기준으로 2023년에만 20명의 사람이 온열질환으로 사망했다. 2022년에는 온열질환 사망 추정자가 6명이었다.〔김혜리, 「사람 쪄 죽이는 더위, '불법' 될 수 있을까?」,《경향신문》, 2023.08.06. https://www.khan.co.kr/national/court-law/article/202308061744001(최종 검색일: 2023년 8월 7일)〕

** 원인 모를 대규모 화재가 시작되어 끝도 없이 지속된다. 그렇게 잿더미가 돼버린 세계. '아버지'는 화재가 시작될 무렵 태어나 지금은 예닐곱 살 정도 된 '아들'과 함께 구원의 땅을 찾아 나선다. 그의 아내는 앞을 볼 수 없는 이 깜깜한 상황을 견디지 못하고 (혹은 산후 우울증이었을까) 자살한 지 오래다. 아버지는 아들을 지키기 위해서라면 살인이라도 불사할 준비가 되어 있지만, 아들은 자신이 가진 것을 타인과 기꺼이 나누려는 존재다. 살아남기 위해 무엇이든 하는 사람들이 활개를 치는 세상에서 두 사람은 살아남을 수 있을까? 영화는 퓰리처상을 수상한 코맥 매카시(Cormac McCarthy)의 동명의 원작을 바탕으로 한다. 이 책의 홍보 문구가 "감히 〈성서〉에 비견되는 소설"이었는데, 아들이 태어난 후 이 불타는 세계에서 희망을 보고자 했다는 코맥 매카시가 소설 속 '아들' 캐릭터에 구원자이자 예수의 형상을 불어넣었기 때문이다.

화재의 원인이 잘 보이지 않았다. 우리가 경험하고 있는 다층적인 위기의 원인이 보이지 않았다기보다는, 어떤 일이 벌어지는지 알고 있어도 가속을 멈추지 않는 인간 행동의 원인이 잘 보이지 않았다는 말이 더 정확할 것이다. 그래서 계속 읽고 또 보았다. 그리고 나로 하여금, 혹은 우리로 하여금, 인식론적 차폐막 뒤에 머물도록 만드는 문화적 은폐(아미타브 고시, 2021)에 생각의 불을 비추어보려고 노력했다. 우리의 오래된 착각과 달리 이성은 인간을 만물의 영장으로 만들어주지 않지만, 함께, 나름의 방식으로 생각하기를 포기하지 않을 때에야 비로소 인간 종 스스로가 더 저열한 생명체가 되는 것을 기어코 막아낼 수 있다. 이성이 세상을 망쳤다면, 그 이성의 쓰임을 바로잡아야 한다. 나는 휴머니스트는 아니지만 그렇다고 인간을 혐오하고 싶지는 않았다. 그렇게 해서 쌓인 독서와 관람의 내용 일부가 이 책에 담겼다.

돌이켜 보면 지난 20여 년간 세계가 끝장났다고 이야기하는 영화, 드라마, 웹툰, 소설 등 볼거리들이 꽤 많았다. 그런데 그 볼거리들은 우리를 각성시키기보다는 무디게 만들었다. 처음 세계가 망해간다는 정보와 뉴스를 접수하기 시작했을 때 느낀 충격은 '충분히 아는 이야기'라는 무덤덤한 느낌으로 바뀌었다. 새로운 위기에 대한 뉴스가 들려와도 "어, 이미 영화에서 본 거다"라며 낄낄거리는 모습이 익숙하다. 이제 우리는 파국이라는 말, 위기라는 감각, 재난이라는 현실을 스크린, LED 모니터, 스마트폰 화면 등 다양한 윈도 안에 등장하는 화려하고 반짝거리는 멸종의 스펙터클로 즐기고 소비하게 되었다. 그뿐만 아니라 파국을 해결할 방법 역시 파국을 초래한 북반구 중심의 이분법적 세계관과 지속 가능한 발전이라는 환상 안에서 찾게 되었다. 개발의 가속을 멈추지 않는 테크놀로지가 불사의 영웅을 탄생시키리라 믿고, 특정한 '남성적' 신체성을 지닌 자가 끝내 살아남으리라는 능력 중심적이고 젠더화된 생존주의를 내면화하며, 더 강력한 무기가 우리를 지키리라는 전투 판타지에 기대게 된다. 그래도 괜찮을까? 우리는 세상을 좌지우지하는 '지배적 허구(dominant fiction)'에 대해 좀 더 비판적으로 사고할 필요가 있다.

페미니스트 영화 이론가 카자 실버먼(Kaja Silverman)은 "사회가 일련의 사회적 합의를 만들어내도록 만드는 이미지와 이야기"이자 "영화가 기대고 있는 이미지들"을 '지배적 허구'라고 정의했다. 그리고 우리 사회의 "가장 중요한 통합의 이미지는 역시 (가부장제적)* 가족"이라고 짚는다. 나는 이 책에서 실버먼의 지배적 허구 개념을, 북반구의 지배를 이 세계의 운명으로 받아들이게 만들고 기후 위기와 생태 위기를 보지 못하거나 하찮게 여기도록 만드는 세계관을 지지하는 내러티브를 설명하기 위해 차용했다. 실버먼이 비판하는 가부장제적 상상력은 내가 비판하고자 하는 북반구 중심 세계관의 단단한 기반이므로 이것이 과도한 전용은 아닐 것이다. 여기서 나는 가부장제를 '부계혈통주의를 고수하기 위해 작동하는 시스젠더(지정 성별과 성별 정체성이 동일하다, 혹은 일치한다고 느끼는 사람) 중심적이고 이성애중심적이며 비장애인 남성중심적인 성적 체제'라는 의미로 사용했고, 이는 이 세계의 성적 관계를 규정하면서 정치적이고 경제적인 효과를 만들어낸다.

이 책에 등장하는 '북반구(Global North)'와 '남반구

---

* 이건 내가 덧붙인 것이다. 카자 실버먼의 작업과 내 작업 사이에는 30년의 간극이 있기 때문이다. 나는 '다양한 가족 구성권' 등의 논의가 활발하게 펼쳐지는 한국에서 '가부장제 핵가족'에서 벗어나 '가족'을 좀 더 유연한 의미로 사용할 수 있다고 생각한다. 여성학자 김영옥은 와우북페스티발 2023 주제 토크 〈새로이, 돌봄〉에서 '다양히 기족' 담론에 등장하는 '가족'을 '식구(食口)'라는 말로 바꾸어, '족(族)'의 상상력을 넘어서 '밥을 함께 먹는 사람들'이라는 의미에 주목하고 싶다고 설명했나. 이 책의 6장에서도 움직이는 중인 가족의 정의에 대해 좀 더 살펴보겠다.

(Global South)'는 기존의 '1세계'와 '3세계'라는 말을 대체하는 비교적 새로운 용어다. 서구 자본주의 진영을 '1세계', 동구 공산주의 진영을 '2세계', 이에 속하지 않는 여타의 국가들을 '3세계'로 묶는 구분은 냉전 시대에 등장했다. 동구권 붕괴 후 2세계란 말은 사어가 되었고, 1세계, 3세계는 각각 '선진국'과 '개발도상국'을 의미하는 말로 자리 잡았다. 3세계 국가들은 대체로 식민 지배를 경험했던 터라 오랜 시간 저개발 상태에 머물렀다. '저개발'은 결국 타인을 착취해 배를 불려온 제국주의자의 관점에서 바라본 현실 묘사이자 그들의 헤게모니를 강화하는 문화적 낙인이었다. '북반구/남반구'는 '1세계/3세계'란 표현이 숫자를 통해 이미 설정하고 있는 지정학적 위계를 비판하고 과연 북반구가 주도한 '개발'이 다양한 생명을 위한 것이었는지 급진적으로 질문한다. 따라서 독자들은 '선진국'이나 '개발도상국' 같은 말이 이 책에서 품고 있는 뉘앙스를 세심하게 파악해주셔야 한다. 특히 '선진국'은 단 한 번도 긍정적인 의미로 사용되지 않았다.

다른 한편으로, 지배적 허구가 다양한 이데올로기들의 촘촘한 연결 속에서 스스로 지속시키는 것처럼, 그것이 배제했거나 보이지 않게 만들었던 많은 존재 역시 서로 연결되어 있다. 우리는 교묘하게도 우리의 관심을 파국의 원인으로부터 돌려 파국을 논하는 쾌락으로 흩어놓았던 대중적인 이야기들을 꼼꼼하게 들여다봐야 할 뿐만 아니라 우리로 하여금 저항적인 연결들과 만나도록 이끄는 이야기들에 귀를 기울여야 한다. 그래서 이 책은 "우리 다 망했다"라고 비명을 지르는 고발문이라기보다는 다양한 이야기들의 얽힘 속에서 비로소 가능해지는 대안을 함께 상상해보자는 초대장이다. 나는 우리를 향해 작은 소리로 속삭이고 있는 다양한 이야기들을 당신과 함께 발견하고 싶다. 우리가 그 과정을 함께 즐길 수 있으리라 기대한다.

2014년 페미니스트 인류학자 애나 로웬하웁트 칭(Anna Lowenhaupt Tsing)은 "인류세: 손상된 행성에서 살아가는 법(Anthropocene: Art of Living On a Damaged Planet)"이라는 컨퍼런스를 기획하고 이후에 동명의 책을 출간했다. 나는 그 방법에 "더 나은 파국을 상상하는 법" 혹은 "파국을 상상하는 더 나은 법"을 더해보고자 한다. 그것이 우리*의 상상력을 변이시키는 새로운 이야기가 될 수 있으리라 믿기 때문이다.

* 이 책에는 '우리'라는 말이 자주 등장한다. 글을 쓰면서 '우리'를 염두에 두었기 때문이다. 하지만 우리에 대한 단정적인 확신이 있지는 않다. 당신이 '우리'라는 말을 예민하게 읽어주기 바란다. 책을 마무리할 즈음 티머시 모튼(Timothy Morton)의 『생태적 삶(Being Ecological)』의 번역본을 읽었고, 많은 이들이 '우리'라는 문제의식을 공유한다는 걸 깨달았다. 그는 생태 시대에 '우리'라는 대명사는 인식론적일 뿐만 아니라 정치적이고 윤리적인 난제를 지니고 있음을 강조한다. "우리라는 말은 얼마나 많은 존재를 취합하는가? 그들은 모두 인간인가? 나는 차이의 정치, 그리고 그것을 곡해하는 정체성 정치를 철저히 염두에 두면서 우리라는 용어를 사용할 것이다. 내가 우리라는 말을 쓰는 이유 중 하나는 지구온난화에 책임이 있는 존재가 해마가 아니라는 점을 부각하려는 것이다. 책임을 져야 할 것은 인간이다. 나 같은 존재다. (…) 우리가 우리라고 말하는 법을 찾아내지 못한다면 다른 사람이 찾아낼 것이다." (티머시 모튼, 『생태적 삶』, 김태한 옮김, 앨피, 2023, 15쪽)

1장

인류세, 쑬루세,
그리고 갯벌 수라

"언젠가 바닷물이 들어오면
다시 살아날 수 있는 마른 땅도
나는 갯벌이라고 생각해요.
마지막 칠게 한 마리가 살아 있어도,
그건 갯벌이에요.
갯벌이라는 이름을 놓지 않으면 언젠가
갯벌로 돌아갈 거니까요.
갯벌이었기 때문에 갯벌이라고 불러줘야
하죠. 그래야 살릴 수 있어요."

―오동필, 〈수라〉

기후 위기와 코로나19라는 전 지구적 감염병을 지나오면서 한국에서도 인류세에 대한 논의가 활발해졌다.* 인류세는 인류가 지구 시스템**의 새로운 동인(動因)이 된 지질시대를 일컫는 용어인데, 유례없이 안정적이었던 홀로세 이후 인류세라는 새로운 지질시대를 추가할 수 있다는 판단 근거는 두 가지다. 첫째, 제2차 세계대전 이후 대기 중 이산화탄소 농도가 급격하게 증가하면서 지구 시

* 인류세는 2000년 대기화학자 파울 크뤼천(Paul Crutzen)과 생태학자 유진 스토머(Eugene Stoermer)가 인간의 행동이 지구환경에 미치는 영향에 대해 경고하기 위해 국제 지구권-생물권 프로그램(IGBP) 뉴스레터에서 사용한 개념이다. 이 용어가 2000년에 처음 제안되었을 때는 대중적인 반향이 크지 않았지만, 2010년대로 넘어오면서 폭발적인 관심을 끈다. 학술연구정보서비스(riss) 기준으로 한국의 학술장에 인류세라는 키워드가 처음 등장한 것은 2011년이고, 총 361건의 검색 결과 가운데 257건 정도가 2020년 이후 작성된 논문에 나온다. 최근 3년간 관심이 쏠리고 있다고 할 수 있겠다.

** 지구 시스템이란 개념은 대기권, 수권, 설빙권, 생물권, 지권을 아우르는 권역들의 공진화를 강조하는 개념으로 1990년대에서 2000년대에 완전하게 자리 잡았다.

스템에 치명적인 영향을 미치고 있고, 둘째, 그와 함께 인간은 플라스틱과 콘크리트 퇴적층, 그리고 방사성 핵종* 등 인류 문명의 흔적을 지질학적인 증거로 남기고 있다. 쉽게 말해 인간이 기후위기를 초래하는 동시에 엄청난 양의 쓰레기로 지구를 오염시키고 있다는 것이다.

처음 인류세 개념이 등장했을 때 이를 과학적으로 증명 가능한 하나의 지질연대로 볼 수 있을 것인가에 대해서는 의견이 분분했다.** 무엇보다 쓰레기가 일부 문명권에 몰려 있을 뿐 전 지구적으로 균질적으로 남아 있지 않기 때문이다. 그래서 일부 과학자들은 인류세가 과학적, 지질학적 개념이라기보다는 사회적, 문화적으로만 추적 가능한 개념이라고 주장하기도 한다. 이렇게 시작된 인류세 담론은 현상을 진단하는 것에 머물지 않고 원

---

* "지금으로부터 100만 년 후 암석 기록의 가장 뚜렷한 지표는 1945년 원자폭탄 폭발의 결과로 지표면 전반에 급작스럽게 퇴적된 방사성 핵종일 것이다. (…) 핵시대가 그 자체로 지구 시스템의 기능을 변화시키지는 않았다. 그러나 1945년 퇴적된 방사성 핵종을 함유한 지층은 미국이 전 세계적 패권을 장악하게 된 시대와 전후 수십년 동안 이뤄진 놀랄 만한 물질적 확대, 즉 자본주의가 대대적으로 성공한 시기의 서막을 알리는 전조이다."(클라이브 해밀턴, 『인류세』, 정서진 옮김, 이상북스, 2018, 18쪽)

** 인류세 개념에 대한 오해와 이를 둘러싼 다양한 논쟁에 대해서는 앞의 주에서 인용한 클라이브 해밀턴(Clive Hamilton)의 『인류세』를 참고하면 많은 도움이 될 것이다.

인을 규명하고 극복을 위한 대안을 상상하고자 하는 흐름과 만났다. 그리고 이를 하나의 비평적 개념으로 보면서 정치경제적인 문제에 대한 분석으로 확장하고자 하는 논의들이 등장했다. 그리하여 인류세 대신 자본세(Capitalocene), 남성중심세(Androcene), 플라스틱세(Plasticene), 대농장세(Plantationocene), 휘발류세(Petrolcene) 등으로 불러야 한다는 주장들이 담론장에서 경합을 벌이는 중이다. 지금의 지구 행성적 위기를 불러온 가장 치명적인 원인을 무엇으로 지목하느냐에 따라서 이 시기를 규정하는 이름 역시 달라지는 셈이다.

질 S. 슈나이더먼(Jill S. Schneiderman, 2017)은 페미니스트 과학철학의 관점에서 이에 관한 갑론을박을 정리하고 인류세는 과학적으로도 증명 가능하다는 입장에 손을 들어준다. 슈나이더먼에 따르면, 한 대(代, era) 혹은 한 기(期, period)가 끝나고 새로운 지질학적 연대가 시작되는 경계는 대량 멸종과 새로운 생물 종의 등장인데, 여기서 대량 멸종이란 지질학적으로 보았을 때 짧은 간격을 두고 지구상의 생물 종이 75퍼센트 이상 사라진 사건을 뜻한다. 지구의 역사에서 열 번 정도의 대량 멸종이 있었고, 그중에서도 다섯 번은 치명적이었다. 이를 5대 멸종

(big five)*이라고 부르는데, 가장 광범위한 규모로 생물 종이 사라진 대멸종은 2억 5000만 년 전 고생대의 끝 페름기에 벌어졌다. 거대한 화산 폭발과 그에 따른 엄청난 양의 이산화탄소 방출이 계기가 되었으리라 추정되는 상황에서, 20만 년 안에 96퍼센트의 해양 종이 멸종했다. 이를 회복하는 데 수백만 년이 걸렸고, 지금 지구에 살아 있는 생명은 당시 생존했던 4퍼센트의 종으로부터 이어진 것이라 한다. 우리에게 보다 친숙한 대멸종은 중생대의 백악기를 끝낸 행성 충돌에서 비롯한다. 이 시기에 사라진 것이 바로 공룡이다.

그리고 인류는 여섯 번째 대멸종기를 이끌고 있다. 인간들은 곳곳에서 다양한 생명 종을 절종**시켜왔는데

---

* 오르도비스기 말(4억 4400만 년 전), 데본기 후기(3억 7200만 년 전), 페름기 말(2억 5200년 전), 트라이아스기 말(약 2억 년 전), 그리고 백악기 말(6600만 년 전)이다.

** 조수진은 『2053년 이후, 그 행성 이야기』에서 이 과학적 사실을 근사한 그림 동화로 풀어낸다. 2050년이 되자 지구온난화 등 인류의 착취로 지구는 더 이상 생물이 살기 힘든 행성이 되었고, 한정된 자원을 놓고 세계대전이 벌어진다. 이 때문에 인류의 3/4, 인간을 제외한 지구 생물의 5/6가 사라졌다. 이를 방관할 수 없었던 '우주평화단'은 "지구 파괴의 주범인 인간을 멸종"시키기로 한다. 그리하여 "2053년 12월 30일 오후 4시 23분, 최후의 인간이 사망한다." 2252년이 되어서야 지구의 대기, 물, 토양이 자정작용을 시작하고, 이에 '쉬스키너족'이 지구 생명 종을 복원하기로 결정한다. 책은 이렇게 복원된 생명 종이 고립된 장소 '코스모빌라'에 모여 살면서 공존 가능성을 탐색하는 이야기다. 이 빌라엔 도도, 스텔러바다소, 파란영양, 콰가 등 인간이 멸종시킨 동물부터 '인간 남자'까지 함께 모여 있다.

이에 더해 인류가 끌어올리는 기온이 초래할 위기에 대한 예측이 계속 나오고 있다. 예컨대 기후변화에 관한 정부간 협의체(IPCC)에서는 지금처럼 기후 온난화가 지속된다면 21세기 말에는 30퍼센트의 생명 종이 멸종하리라고 예측한다. 인간은 수억 년 전 페름기 대멸종을 초래한 "대규모 화산활동이 했던 것과 똑같은 일"(피터 브래넌, 2023)을 하고 있다. 신생대 제4기는 물론, 신생대 자체를 끝장낼 수 있는 것이다. 이런 중요한 결절점으로서 지금 우리가 사는 시기는 지질학적으로 새로운 이름을 가질 만하다. 그것이 바로 '인류세'다. 물론 다가오는 대멸종으로부터 호모사피엔스가 자유로우리라 믿을 근거는 어디에도 없다. 우리는 신생대의 공룡 같은 신세가 될 것이다. 물론 공룡은 그들의 멸종에 아무런 책임이 없지만 인간은 그렇지 않다.

인류세를 경계 사건으로 만들기:
도나 해러웨이의 제안

페미니스트 과학철학자 도나 해러웨이(Donna Haraway,

2019)는 이렇게 경합 중인 인류세 담론에 개입하면서 인류세를 하나의 세(epoch, ⦰)가 아닌 경계 사건(boundary event)으로 다루자고 제안한다. 신생대의 제4기를 인간 때문에 끝장난 인류세로 정의하지 말자는 의미다. 페미니스트 인식론의 아름다움이란 이런 것 아닐까? 세상이 파국을 이야기할 때 "망했다"는 좌절감으로부터 선선하게 한 걸음 물러서는 태도 말이다. 이게 가능한 건 아무래도 페미니스트 철학이 일상에 관심을 가지고 거대서사가 쉽게 지워온 작은 것들과 함께해왔기 때문일 것이다.〔클라이브 해밀턴(2018)이 지적하듯이 '인류세'는 포스트모더니즘과 함께 '인간의 죽음'이 선언된 이후 새롭게 등장한 가장 강력한 거대 담론 중 하나다. 다양한 인간들을 다시 '인류'로 묶고 있으니 말이다.〕

물론 누군가는 해러웨이가 명백한 과학적 사실을 외면하고 인류세를 담론적 차원으로 축소하면서 나이브한 낙관론을 펼친다고 비판할지도 모르겠다. 하지만 그가 대멸종이 이미 시작되었다는 과학적 사실을 외면한 건 아니다. 다만 지구가 "피난처도 없이 난민(인간이든 아니든)으로 가득 차 있"는 상황을 개선하기 위한 장기 계획을 세우고 실천하려는 것에 가깝다. 해러웨이는 인류세가 그 전과 그 이후 사이에 심각한 불연속성을 남길 거라 단언한다. 그런 상황에서 우리의 임무란 "인류세를 가능한 한 짧고 얇게 만드는 것"이며 "상상할 수 있는 모든 방식을 동원하여 피난처*를 다시 채울 수 있는 다음의 세를 서로 발전"시키는 일이라고 설득한다. 그리고 그가 관찰한 또 다른 과학적 사실, 즉 다양한 물질이 가지고 있는 순환과 상호작용의 거대한 역능(puissance)이 주장의 근거가 된다.

이와 함께 해러웨이는 '쑬루세(Chthulucene)'라는 또 하나의 이름을 제안했다. 쑬루는 분해와 재생산의 능력을 지닌 지하 생명체들을 연상케 하는 말로 공-지하적 (sym-chthonic) 힘, 즉 땅이 가진 분해 및 재생산의 거대한 역량을 고려하자고 요청하는 의미의 용어다. 해러웨이는 이미 사람들 사이에 정착한 인류세라는 용어를 사용하면

---

* 이때 '피난처'는 애나 칭이 「야생 생물학(Feral Biologies)」에서 언급한 레퓨지아 (refugia) 개념에 기댄다. 레퓨지아란 "급격한 기후변화기에 비교적 기후변화가 적어 다른 곳에서 멸종된 생물들이 살아 있는 지역"을 의미하는데, 애나 칭은 홀로세와 인류세 사이의 변곡점은 홀로세에 풍부해진 레퓨지아를 완전히 파괴하는 것일 수 있다고 말했다.(도나 해러웨이, 「인류세, 자본세, 대농장세, 툴루세―친족 만들기」, 김상민 옮김, 『문화/과학』 97호, 2019, 164쪽. 김상민은 이 번역문에서 해러웨이의 독자적인 개념인 Chthulucene를 '틀루세'라고 옮기나, 『트러블과 함께하기』에서 최유미는 '쑬루세'로 옮겼고, 음차로서 쑬루세가 원음에 조금 더 가깝다고 생각해서 이를 따르기로 한다.)

서도 역사적인 관점에선 자본세라는 표현이 더 적절하다고 본다. 하지만 자본이 초래한 파국에 맞설 힘이 여전히 지구에 존재한다는 사실을 강조하기 위해 새로운 용어가 필요하고, 그것이 바로 쑬루세가 될 수 있다는 것이다. 이어서 그는 쑬루세의 잠재성을 실현하기 위해 우리 모두 포스트휴먼이 아닌 퇴비가 되어야 한다고 덧붙인다. 이때 '포스트휴먼'이 어떤 식으로든 인간의 한계를 넘어서고자 하는 진보에 대한 신화라면, '퇴비'는 그 한계와 대결하지 않고 순환의 섭리에 따라 흙으로 돌아가 썩어지겠다는 겸허한 마음가짐을 바탕으로 한다. (포스트휴먼 인식론과 트랜스휴먼 신화에 대해서는 이 책의 5장에서 이야기할 것이다.) 우리가 필멸의 동물임을 인정한다면, 그런 우리가 "잘 살고 잘 죽는 한 가지 방법"은 이 망가진 세상에서 생명들이 기거할 수 있는 "피난처를 재구축하고, 부분적이며 강력한 생물학적-문화적-정치적-기술적 회복과 재구상을 가능하게 하는 힘들에 합류하는 것"이다.

쉽게 끝을 말하기보다는 스스로 부식토(human-as-humus)임을 받아들이자고 요청하는 해러웨이의 제안은 인류세나 자본세 같은 명명이 의도치 않게 인간을 다시 세계의 중심에 놓고, 이와 더불어 자본주의를 인간 문명의 피할 수 없는 운명으로 재등극시키는 한계에 대한 적극적인 도전이다. 그러므로 쑬루세에서는 '겸손'이야말로 잊지 말아야 할 태도다. 하지만 아스팔트가 모든 땅을 뒤덮은 도시에서 자기피알(PR)만이 유일한 생존 기법이라 생각하며 살아가는 이들에게 '쑬루세'란 말은 거의 아무런 의미도 만들어내지 못한다. 땅(Terra)의 힘을 경험해본 적이 없기 때문이다. 도시인들에게 '공-지하적' 힘이란 그저 "인간도 죽어서 땅으로 간다"는 당위의 언설을 아름답게 포장한 수사에 지나지 않는다. 나에게도 마찬가지였다. 그런 내가 쑬루세의 의미와 만난 건 다큐멘터리 〈수라〉(황윤, 2023)에 등장하는 새만금의 마지막 갯벌 수라에서였다.

수라의 공-지하적, 공-생산적 역능

2023년 8월, 대한민국은 세계스카우트잼버리 대회 참사로 떠들썩했다. 주최 측은 새만금에 조성된 새로운 잼버리 야영장이 "총면적 $8.8km^2$로 (…) 잼버리 야영장의 한쪽 면이 바다와 접하면서도 풍부한 자연환경을 누릴 수 있는 넓은 대지 위에 조성되었다"라고 광고했지만, 뚜껑을 열어보니 풍부한 자연환경 따위는 없었다. 잼버리 부지는 그와는 반대로 "풍부한 자연환경"이 무자비하게 밀려 나간 황폐한 땅 위에 자리 잡고 있었다. 그렇게 바다를 메워 졸속으로 만든 땅이다 보니 부지 주위에는 산이나 숲이 없어 8월 한여름의 폭염 피해는 이미 예상된 일이었다. 연일 40도가 넘는 폭염과 제대로 준비되지 않은 시설로 피해를 입는 등 난리법석이 이어지자 미국, 영국 등지에서 온 참가자들이 야영지를 이탈했다. 대한민국 국민은 물론 외신들까지 도대체 잼버리 현장에서 무슨 일이 벌어지는지 주목하는 가운데, 잼버리 유치에 반대해온 활동가들은 매립지인 새만금에서 잼버리를 유치한 "비상식적 결정"을 이해하기 위해서는 새만금 사업 자체를 찬찬히 들여다봐야 한다고 강조했다.(김나희, 2023)

　새만금 사업은 전라북도 만경강과 동진강 하류를 방조제로 막은 뒤 내부를 매립해 땅으로 만드는 간척사업이다. 새만금 방조제는 1991년 11월에 첫 삽을 떠서 2010년에 준공했다. 길이 33.9킬로미터를 자랑하며 세계에서 가장 긴 방조제로 기네스북에 등재되었고, 그만큼 엄청난 규모의 공사가 진행되었다. 국가에서는 여전히 이 사업이 "동북아 경제중심지로 비상할 녹색 성장과 청정 생태 환경의 '글로벌 명품 새만금'을 건설하는 국책 사업"이라고 홍보하지만 "녹색 성장"이니 "청정 생태 환경"이니 하는 그럴듯한 수식어를 붙인다고 해서 세계 최대 규모의 간척사업이 벌어진 땅이 세계 최대 규모의 갯벌을 죽이는 살상의 현장이었다는 사실은 달라지지 않는다.

게다가 새만금 간척사업은 망망대해에 하염없이 돌을 쏟아붓듯 엄청난 사업비를 투입해왔으면서도 아직 마무리를 못한 총체적 실패작이다. 김나희 활동가는 "이때 잼버리가 동원"됐다고 말한다. 잼버리 대회는 매립을 계속할 명분으로 이용되었고, "잼버리 대회장이 필요하니 대규모로 부안 쪽 갯벌을 매립하겠다는 이유를 대고 예산을 따기 위한 것이 진짜 목적"이었다는 것이다. 여기에 "이미 실패한 사업인 새만금이 여전히 성공 가능하다는 이미지를 만들기 위해 잼버리 대회라는 도구가 필요했다"(김나희, 2023)라고 덧붙인다.

21세기 초, 새만금은 격렬한 투쟁의 현장이었다. 1990년대 말 시화호 사태가 불거지면서 한국 사회에서는 간척사업이 생태적이지 않다는 문제의식이 공유된다. 새만금에 대해서도 마찬가지였다. 환경단체와 시민들의 격렬한 반대 투쟁이 이어졌을 뿐 아니라 삶의 터전을 잃은 어민들의 반발도 거셌다. 2003년에는 네 명의 성직자가 새만금 간척사업에 반대하면서 부안에서 서울까지 장장 305킬로미터를 걸으며 삼보일배를 했고, 환경단체와 전북지역 주민 등은 정부를 상대로 새만금 사업계획 취소 청구 소송을 제기하기도 한다. 하지만 2006년 대법원이 원고 패소 판결한 원심을 확정하면서 공사가 재개되고 새만금의 마지막 물막이 공사가 진행되었다.

워낙 강렬한 투쟁이었기에, 나 역시 얇고 짧게나마 새만금에 관심을 가졌다. 하지만 마지막 물막이 공사가 끝났다는 소식을 들은 후 나는 익숙한 패배감을 안고 새만금을 잊었다. 그리고 나라에서 큰돈 걸고 하는 일은 어떻게든 강행되기 마련이라는 생각이 한층 더 강해졌다. 그렇게 전북 해안의 거대한 갯벌이 사라진 채로 새만금이 마무리되었다고만 생각했다. 하지만 다큐멘터리 〈수라〉를 보니, 놀랍게도 그건 사실이 아니었다. 새만금 간척사업이 바닷길을 막은 그곳에는 여전히 습지가 남아 있었고, 그곳을 지키려는 사람들이 있었다. 바로 새만금 시민생태조사단(생태조사단) 등을 구성해 활동하고 있는 시민 활동가들이다.

생태조사단은 마지막 물막이 공사가 끝난 후에도 새만금을 떠나지 않았다. 그들은 정부가 공사를 강행하면서 작성했던 환경영향평가 보고서의 오류를 확인한 이후 적극적으로 새만금 생태 환경을 조사하고 기록해왔다. 당시 정부 보고서에는 새만금 갯벌을 찾는 새가 41종, 7000여 마리에 불과하다고 적혀 있었지만, 생태조사단의 조사 결과에 따르면 2003년부터 10년간 매해 평균 150여 종, 25만 2542마리가 관찰됐다. '살상'은 새만금 사업을 강행하려는 정치인-건설 자본-지방 토호-투자 기관이 연결된 토건 카르텔 안에서 움직이는 이들이 작성한 서류 위에서 이미 시작되었던 셈이다.

다큐멘터리스트 황윤은 2014년 생태조사단의 오동필 공동단장을 따라 새만금의 마지막 갯벌 '수라'를 찾았다가 멸종위기종 1급인 저어새를 만난다. 나와 마찬가지로, 그리고 대다수 사람들과 마찬가지로, 새만금 투쟁은 끝났다고 생각했던 그는 깜짝 놀라고 만다. 끝이 아니었기 때문이다. 그래서 카메라를 들고 새만금을 기록하기 시작한다. 〈수라〉는 그 7년의 기록을 담았다. 그리고 〈수라〉에는 한 개인의 카메라를 초과하는 시간과 세계가 담기게 된다.

지금은 사라진 광경들을 기억할 수 있다니, 기록은 얼마나 위대한가? 관찰하고, 기록하고, 남기는 일은 인간이 하는 가장 인간다운 행위 중 하나다. 그렇다고 해서 기록이 인간만의 행위인 것은 아니다. 갯벌 역시 갯벌의 방식대로 심원한 역사를 담은 아카이브다. 하루에 두 번, 부지런히 들어왔다 나가는 바닷물은 1년에 3-5밀리미터의 개흙을 갯벌 위에 쌓는다. 그런 활동이 8000년간 이어져 만들어진 것이 서해안의 갯벌이고, 그 안에는 8000년이라는 시간의 흔적이 켜켜이 쌓여 있다. 하지만 방조제 건설은 단 20년 만에 그 시간을 싹 쓸어버렸다.

물론 간척사업이 망친 건 축적의 시간뿐만이 아니었다. 그 안에 살고 있던 수많은 생명도 죽였다. 〈수라〉에 수록된 한 장면은 고통스러운 죽음의 순간을 폭로한다. 그건 처음 방조제가 완공되어 바닷물이 막혔을 때, 그 안에서 숨쉬던 조개들의 최후를 기록한 장면이다. 매일 들어오던 바닷물이 더 이상 들어오지 않자 조개들은 개흙 속에서 숨죽이고 기다린다. 기다리고 기다렸건만 끝끝내 바다는 다가오지 않았다. 그러다 처음으로 비가 내리던 날, 수만 마리의 조개가 개흙 밖으로 나온다. 하늘을 향해 입을 벌린 조개 무리. 하지만 비는 그들이 기다리던 바닷물이 아니었다. 비가 멈춘 후 조개들은 그 자리에서 그대로 전부 죽어버렸다. 이것이 학살의 현장이 아니라고 말할 방도가, 나에게는 없다.

그 와중에도 버틴 갯벌 수라는 그야말로 기적이다. 그리고 인간은 책임감을 느끼고 수라를 죽이는 일을 멈춰야 한다. 우리가 멈춘다면 갯벌에 재생의 시간을 벌어줄 수 있다는 사실은 2020년 12월, 해수 유통이 증가하면서 벌어진 변화가 잘 보여준다. 생태조사단, 새만금 해수 유통 추진 공동행동, 새만금신공항 백지화 공동행동은 오랫동안 새만금호에 해수를 유통할 것을 요구해왔다. 정부는 바닷길을 방조제로 막아 만들어진 거대한 새만금호의 담수화 계획을 고수했지만 흐르지 못하는 물은 서서히 죽어갔다. 정부에서 수조 원의 돈을 쏟아부었지만 방조제 안의 물은 살아나지 않았다. 성층현상 때문에 호수의 하부까지 산소가 공급되지 않아 빈산소층이 생기고 '거대한 죽음의 물덩어리'가 되어버린 것이다. 결국 하루 한 번 열리던 방조제 문이 두 번 열리는 소극적인 변화가 일어났다. 새만금을 살리려는 사람들이 요구하는 전면적 해수 유통에는 미치지 못한 미미한 결정이었지만, 놀랍게도 그 작은 조치만으로도 생명이 늘어나기 시작했다.

그렇게 해안 개발로 서식지가 파괴되면서 개체 수가 급격히 줄어 멸종위기 야생생물 2급으로 지정된 흰발농게가 다시 수라에 등장했다. 10년 동안 보이지 않았던 흰발농게가 해수 유통과 함께 돌아온 것이다. 어떻게 이런 일이 가능할까? 갯벌이 가진 생명의 힘을 과연 우리가 충분히 이해할 수 있을까? 새만금 사업에 반대하는 이들은 "지금도 여전히 갯벌에 흙을 쌓아 올리는 매립이 진행 중이라, 매립되지 않은 부분은 갯벌로 살아날 가능성이 있다"(김나희, 2023)고 강조한다.

　　생태조사단은 사람들에게 수라를 보여줘야 한다고, 경험하게 해줘야 한다고 말한다. 보지 않으면 쉽게 '끝'을 말하지만, 몸을 움직여 그곳에 가본 사람은 끝이 아니라는 걸 알게 되니까. 그야말로 습지의 생명력이 무엇을 가능하게 하는지 확인할 수 있으니 말이다. 이런 생명력은 지구와 달, 물과 흙의 힘이 서로에게 작동한 오랜 시간 속에서 만들어진다. 그렇게 쌓인 흙 속에서 수많은 생명이 나고, 자라고, 죽고, 썩어서, 또 다른 생명으로 이어진 것이다. 그 힘이 거대한 잠재성으로 여전히 습지 속에 도사리고 있다. 그리고 이것이 정확하게 쑬루세라는 말이 함의하는 바일 것이다. 쑬루세는 그저 순진한 희망 회로가 아니라 함께 탄생하고, 함께 생산하고, 함께 썩어지고, 함께 순환하는, 그런 의미에서 공(共)-생산적이고 공(共)-지하적인 존재론을 명확하게 보여주는 명명이다.

해러웨이는 "지구의 생물 다양성의 힘을 회복하는 것은 이 쑬루세의 공-산적인 일이고 놀이"라고 설명하면서 다음과 같이 덧붙인다.

> 인류세나 자본세와 달리, 세계가 아직 끝나지 않았고 아직은 하늘이 무너지지 않은 불안정한 시대에, 이 쑬루세는 여전히 위태로운 시대 안에서 진행 중인 복수 종의 함께 되기 이야기와 실천들로 구성된다. 우리는 서로에게 중요하다. 인류세와 자본세 담론의 지배적인 각본들과 달리 인간은 쑬루세에서 단지 반응할 수 있을 뿐인 다른 모든 존재와 구별되는 유일하게 중요한 행위자가 아니다. 질서는 다시 만들어진다. 인간은 지구와 함께 있고 지구의 존재이며, 이 지구의 생물적이고 비생물적인 힘들이 가장 중요한 이야기이다.(해러웨이 2021, 99)

〈수라〉에서 수라를 지키기 위해 20년을 버텼던 인간들의 모습은 인류세의 시기를 사는 지금도 인간과 다른 생명 종 사이의 적대는 운명이 아니라는 걸 보여준다. 자신이 자연의 일부인 걸 모르고 신나게 바닷속에 콘크리트를 처박아 넣는 인간이 있다면, 자연이 준 것을 감사히 여기며 그 안에서 자신의 몫을 다하고자 하는 인간도 있다. 파괴하고, 세우고, 부풀리고, 그렇게 거대해진 몸집을 과시하며 자신의 인간됨을 확인하는 자들이 있다면, 조용히 바라보고, 지키고, 응원하고, 녹아들면서 자신의 인간됨을 실천하는 이도 있는 것이다.

쏠루세에 대한 이 모든 이야기는 갯벌에 쌓인 진흙에서부터 흰발농게, 그와 교감하는 한 명의 인간뿐만 아니라, 인간들이 몸담은 시민 활동과 그와 갈등하는 자본, 그리고 정책까지 모두 한자리에 모아놓고 서로 덧붙여가며 살펴봐야 비로소 의미가 형성된다. 나이브한 동화 속 이야기가 아닌 것이다.

정부는 마지막 남은 갯벌 수라마저도 죽이려고 했다. 수라에는 쇠검은머리쑥새를 비롯해 흰발농게, 저어새, 수달, 붉은어깨도요 등 50종 이상의 멸종위기 생물이 서식하고 있지만, 국토부는 환경영향평가도 제대로 수행하지 않은 채 수라를 새만금신공항(군산 신공항) 부지로 선정해버렸다. 군산공항보다 더 큰 국제공항을 짓겠다는 취지였다.

하지만 새만금신공항 건설 계획은 여러 문제를 안고 있었다. 잼버리에 참여하는 스카우트 대원들의 이동을 위해 공항을 건설하겠다는 애초 계획과 달리 잼버리 대회가 열리기까지 첫 삽도 뜨지 못했다. 놓치지 말아야 할 것은 국제공항 건설 계획 자체가 의심스러운 그림이었다는 점이다. 공항 설계상 활주로가 너무 짧아 국제노선 취항이 어려운 상태였고, 이 때문에 공항 건설에 찬성하는 이들조차 문제를 제기했다. 새만금신공항 백지화 공동행동에 따르면, 운영이 거의 멈추다시피 한 강원도 양양국제공항이나 영업 손실 1위를 기록하고 있는 무안국제공항(군산 신공항 부지에서 차로 1시간 남짓 거리에 있다)을 생각하면 군산에 국제공항이 새로 들어설 현실적인 이유를 찾을 수가 없다. 이미 있는 군산공항도 매년 30억 원 이상의 적자를 발생시키는 마당에 말이다.

그러다 보니 국가가 100원을 투입하면 50원 정도 건질 수 있는 사업 계획을 강행하려는 이유로 군산 미군 부대에 주목하는 이들이 있었다. 한국 국민을 위한 국제공항이라기보다는 미군 부대의 확장일 뿐이라는 의심이었다. 다큐멘터리 〈수라〉 역시 갯벌 수라를 지키는 일이 결국 평화운동의 일부가 될 수밖에 없다는 문제의식을 내비친다. 다행히 2023년 8월 기준, 새만금신공항 건설은 중단된 상황이다.* 잼버리 파행으로 온 국민의 관심이 신공항 건설에 쏠린 덕분이다.

군산 신공항 문제에서 우리는 인간 스스로 만물의 영장이 될 수 있다며 자연을 쉼 없이 착취해온 근대적 믿음이 팽창주의 및 군사주의와 연결되는 순간을 보게 된다. 그리고 군사주의는 호모 라피엔스, 약탈적 인간을 분석하는 데 있어 외면하기 어려운 벡터다. 새만금의 마지막 갯벌 수라에서 벌어진 일은 기후 위기와 생태 문제를 살피는 우리의 관심이 군사주의 비판으로까지 확장되어야 함을 상징적으로 드러낸다. 우리의 상상력에 군사주의가 얼마나 공기처럼 녹아들어 있는지 확인하는 일은 전혀 어렵지 않다. 이제부터 함께 볼 터인데, 도처에 깔려 있기 때문이다.

---

* 그러나 2024년 3월 현재에는 전북 민주당의 강력한 반발로 예산이 거의 회복되었다.

2장

파국 속에서 자연을 팝니다

형제들이여, 자매들이여! 하늘의
사람들에게 보여줍시다.
너희가 가져갈 수 있는 건 없다고!
그리고, 여기! 이곳은 우리의 땅이라고!

—토루크 막토, 〈아바타〉

21세기의 첫 20년간, 대중문화는 각종 종말의 이미지가 지배하는 파국 서사의 장이었다. 파국 서사는 대체로 세 가지 흐름으로 나누어 볼 수 있다. 첫째, 이 난국에서도 언젠가는 영웅이 우리를 구원해줄 것이라는 MCU(Marvel Cinematic Universe) 인피니티 사가(Infinity Saga) 부류*, 둘

* MCU, 즉 '마블의 영화적 세계관'은 디즈니에 속한 마블 스튜디오에서 제작하는 슈퍼히어로물의 프랜차이즈 세계관을 의미한다. MCU는 국면에 따라 페이즈가 나뉘는데, 2008년 〈아이언맨〉(존 패브로)을 시작으로 2012년 〈어벤져스〉(조스 웨던)까지가 페이즈 1, 2013년 〈아이언맨 3〉(셰인 블랙)에서 2015년 〈앤트맨〉(페이턴 리드)까지가 페이즈 2, 2016년 〈캡틴 아메리카: 시빌 워〉(루소 형제)에서 2019년 〈스파이더맨: 파 프롬 홈〉(존 와츠)까지가 페이즈 3, 그리고 2021년 〈블랙 위도우〉(케이트 쇼틀랜드)에서 2022년 〈블랙 팬서: 와칸다 포에버〉(라이언 쿠글러)까지가 페이즈 4를 구성한다. 2023년 〈앤트맨과 와스프: 퀀텀매니아〉(페이턴 리드)부터 페이즈 5가 시작된 참이다. 여기서 '인피니티 사가'는 페이즈 1에서 3까지에 이르는 23편의 영화를 일컫는 것으로, 인피니티 사가가 MCU의 방대한 세계를 구성하는 1막인 것으로 알려져 있다. 사가(saga)는 영웅소설, 대하소설이라는 의미를 가지고 있다. 인피니티 사가를 아우르는 핵심 키워드는 '인피니티 스톤'으로, 인피니티 사가의 최고 빌런인 타노스가 여섯 개의 인피니티 스톤을 모아 세계의 절반을 소멸시킨 뒤 어벤져스가 힘을 모아 사라진 이들을 되살리는 이야기까지가 인피니티 사가에서 펼쳐진다.

째, 파국 이후의 디스토피아를 그리면서 결과적으로는 지금/여기의 현실과 인간성(humanity)을 탐색하는 좀비 아포칼립스 부류, 그리고 문화비평가 마크 피셔(Mark Fisher, 2018)의 말대로 결국 우리가 사는 이 "자본주의의 종말보다 세계의 종말을 상상하는 것이 더 쉽"기 때문에 세계의 절멸을 묘사하고 마는 〈칠드런 오브 맨(Children of Men)〉(알폰소 쿠아론, 2006) 부류. 할리우드를 필두로 세계의 대중문화는 왜 이렇게 신나게 "세계가 망했다"고 외치는 걸까? 지속 가능한 발전과 성장에 대한 미국적인 숭배가 트랜스내셔널하게 흐르는 대중문화를 타고 전 세계로 이식된 것과 마찬가지로, 지구 행성적 차원에서 부상한 파국이라는 위기감 역시 마찬가지 아닐까?

물론 인류세라는 문제가 북반구인들만의 문제가 아니라는 건 의문의 여지 없이 맞는 말이다. 일단은 기후 위기 속에서 누가 가장 먼저 죽음을 맞을 것인가는 명약관화하다. 그건 북반구에서 '꼬리 칸'을 차지하는 인구 집단일 것이고, 전 지구적 차원에서 보자면 '자본세'의 도래에 책임이 가장 가벼운 남반구인들일 것이다. 〈2012〉(롤란트 에머리히, 2009)라는 그렇고 그런 할리우드 블록버스터가 나름대로 의미가 있었던 건 재난이 공평하게 닥쳐오지 않는다는 사실을 보여주었기 때문이다. 돈과 정보를 손에 쥔 기득권 카르텔은 〈2012〉에서처럼 대홍수가 닥치면 새로운 노아의 방주를 지어 올라탈 테고, 〈설국열차〉(봉준호, 2013)처럼 빙하기가 찾아오면 멈추지 않는 기차에 탑승해 머리 칸을 차지할 것이며, 〈돈 룩 업〉처럼 혜성이 지구와 충돌하면 로켓을 타고 지구탈출을 감행할 것이다. 실제로 미국항공우주국(NASA)과 미국방부의 방위고등연구계획국(DARPA)에서는 태양계 너머로 인간들의 다세대 공동체를 이주시킬 목적의 '세계함(worldship)'을 개발하고 있지만, 여기에는 오직 '엘리트'들만의 자리가 있을 뿐이고, 그들은 "우리 중 남은 이들은 죽게 내버려둘 것이다".* 이 모든 이야기가 가정형이고 할리우드 장르 영화의 클리셰처럼 느껴지지만, 현실적으로 매우 합리적인 추론에 가깝다. 세상이 불공평하고 엿 같다고 '리셋'을 외쳐봐야, 리셋 역시 공평하게 작동하지 않을 거라는 의미다.

그뿐만 아니라, 현대 세계는 남반구의 (어느 정도는 자발적인) 공모 안에서만 유지 가능하다. 그게 〈컨테이

---

* *The Daily Mail*, 해밀턴(2018) 231쪽에서 재인용.

전)을 살펴보며 언급했던 '전 세계적 분업 체제'가 보여
주는 바다. 클라이브 해밀턴(2018)의 지적처럼 "과거에는
새로운 지질시대를 촉발한 책임의 상당 부분이 유럽과
미국에 있었다 해도 이제는 더 이상 그렇지 않다". 중국
의 탄소 배출량은 미국을 뛰어넘은 지 오래고, 유럽과는
맞먹는 수준이다. 여기에 인도를 더하면 "21세기 중반에
이르러 개발도상국들은 동시대 수치와 과거 누적된 수치
모두에서 북반구의 선진국들보다 전 세계 기후 시스템에
훨씬 큰 피해"를 입혔다. 한국 같은 나라가 '선진국'의 의
미를 질문하기보다는 기꺼이 북반구의 뒤를 따르며 '선
진국'이 되었다고 뻐기는 건, 이 지배구조에 순응하는 식
민성을 안고 있음을 고백하는 것과 다르지 않다. 그렇게
세계의 구조에 질문을 던지기보다는 그 구조에 적응하면
서 성장을 쟁취해낸 한국은 탄소 배출에서도 무기 거래
에서도 1세계에 뒤지지 않는다.* 그런 의미에서 역사적
으로 3세계 개발도상국의 위치에 있었던 한국은 이제 북

---

* 2020년 기준 국가별 탄소 배출량에서 한국은 중국, 미국, 인도, 러시아, 일본, 이
란, 독일에 이어 8위를 차지(https://worldpopulationreview.com)했다. 무기 거래량에
서도 2022년 기준으로 10대 무기 수입국에 이름을 올림과 동시에 38억 달러어치를
수출해 세계에서 여덟 번째 무기 수출국이 되었다.[윤보미, 「5년간 세계 무기 거래
량 줄었지만 한국 일본 호주, 수입 급증!」, 《브레이크뉴스》, 2022.03.15. https://www.
breaknews.com/878704(최종 검색일: 2023년 8월 12일)]

반구 선진국의 지위를 획득했다. 세계를 부수고 망치는 데서 한국은 글로벌 문화 콘텐츠 시장에서 누리는 파워만큼이나 앞서 나가는 자, 선진국이 되었다.

그래도, 혹은 바로 그렇기에, 데보라 다노프스키(Déborah Danowski)와 에두아르두 비베이루스 지 카스트루(Eduardo Viveiros de Castro)가 『세계의 종말들(The Ends of the World)』에서 던지는 질문을 곱씹어볼 필요가 있다. 그 질문이 북반구 중심의 파국 담론 앞에서 법석을 떠는 우리를 잠시 멈춰 서서 돌아보게 하기 때문이다. 그들은 파국에 대한 갑론을박에서 "세계의 종말"을 떠들 때, 대체 그 세계라는 것이 무엇인지, 그 세계야말로 진정한 세계라고 주장하는 "인류(humankind)", 즉 "우리(we)"에 누가 들어가고 누가 배제되는지 질문한다. 그 "인류"는 광범위한 분류학적 범주로서 한 번도 종의 한계를 넘어서본 적이 없다. 위기에 대한 야단법석은 언제나 호모사피엔스들만의 이야기였다는 것이다. (우리 인간이 멸종시킨 그 수많은 생명 종을 떠올려보자.) 이는 물론 새로운 이야기가 아니다. 하지만 다노프스키와 카스트루는 질문을 좀 더 성확하고 예리하게 버린다. 그것들이 호모 사피엔스 이야기일 때에도 그 인류에 속하는 인간이란, 총을 들고 아메리카 대륙에 상륙했던 유럽인들처럼 특정 문화권에서 규정한 인간다움을 실천하는 "진정한" 인류로 축소되었고, 그 "진정한" 인류가 선보이는 특징들이야말로 인간성의 본질로 여겨졌다는 것(21-22)이다. 따라서 사람들이 '세계의 끝'을 말할 때, 그 세계란 지구 생명권을 의미할 수도 있고, 형이상학적 의미에서 실제를 의미할 수도 있지만, 특정 인간들의 움벨트(umwelt)*에 불과할 수도 있다. 그러므로 "자본주의의 종말을 상상할 수 없어서 세계의 종말을 상상한다"는 저 유명한 말은 이렇게 다시 쓰일 수 있다. "세계의 종말보다 더 상상하기 어려운 것은 서구의 절대적인 지정학적 우위의 종말이다."(아미타브 고시 2022, 171)

그들은 이런 문제의식 안에서 "인류"와 대비되는 존재들을 "테란(terran)", 즉 지구인이라고 따로 이름 붙인다. 테란은 "지구 거주자(earthlings)"이자 "땅과 떼려야

---

*   동물행동학자 야콥 폰 윅스퀼(Jakob von Uexküll)은 객관적인 세계인 벨트(welt)와 대비하여 움벨트(환세계)를 설명한다. 생물들이 같은 시간과 공간을 공유할 때도 각자가 세계를 지각하고 경험하는 방식에 따라서 각기 다른 세계를 구성한다는 것이다. 시각, 청각, 촉각, 후각 등을 사용하는 인간이 구성하는 세계와 포유동물이 뱉어내는 탄소 냄새로 세계를 인식하는 진드기의 움벨트는 서로 다를 수밖에 없다. 마찬가지로 모든 것에 영혼이 깃들었다고 생각하는 문명의 인간과 모든 것을 갈취의 대상으로 보는 문명의 인간의 움벨트는 다르다.

뗼 수 없는 사람들(earthbound people)"이다. 그리고 테란들은 북반구 중심의 역사 속에서 계속 멸종해왔다. 그러므로 '우리'가 두려워하면서 영화로 만들고, 소설로 쓰고, 기사로 작성하는 파국은 지구 역사에 새겨질 최초의 종말이 아니다. 이미 세계에는 수많은 종말들이 있어왔다. 다노프스키와 카스트루가 "세계의 종말(the End of the World)"이 아니라 "세계의 종말들(the Ends of the world)"을 말하는 이유다. 다음 인용문은 이 문제의식을 아름다우면서도 아프게 풀어낸다.

진정한 종말 전문가인 마야인들과 아메리카 대륙의 다른 모든 원주민들은 지구 전체가 16세기 아메리카 대륙처럼 야만적인 외부인들의 침략과 파괴, 황폐화의 과정을 목전에 두고 있는 지금, 우리에게 많은 것을 시사한다. 이 책을 읽고 있는 당신도 B급 SF 영화를 보고 있다고, 아니 그 안에서 연기를 하고 있다고 상상해보라. 그 영화 속에서 지구는 인간인 척하는 외계 종족에게 점령당했다. 자신들의 행성을 다 소진해버린 그들의 목표는 인간 행세를 하면서 이 행성을 지배하고, 이 행성의 모든 자원을 채굴하는 것이다. 일반적으로 그런 영화들에서 외계 종족은 인간의 피와 정신적 에너지 등등을 빨아 먹으며 산다. 이제 당신은 이 일이 이미 일어났으며, 그 외계 종족이 사실은 "우리 자신"이라고 상상해볼 수 있을 것이다. 우리는 인간으로 위장한 종에 의해 점령당했고, 그들이 승리했다. 아니면 라투르의 말처럼 실제로는 원주민과 외계인(외래인)이라는 두 가지 다른 종의 인간이 존재하는 것일까? 어쩌면 종 전체와 우리 개개인이 둘로 나뉘어 외계인과 원주민이 한 몸에서 나란히 살고 있는 것일 수도 있다. 감성의 작은 변화로 인해 갑자기 자기 식민화가 눈에 띄게 되었다고 가정해보자. 따라서 우리는 모두 유럽인, 즉 인간에 의해 침략당한 원주민, 즉 테란이다. 유럽인들 역시 결국은 최초로 점령당한 테란이었을 테니.(108)

이 질문을 스크린으로 고스란히 옮긴 것이 바로 제임스 캐머런(James Cameron)의 2009년 작품 〈아바타(Avatar)〉다. 〈아바타〉에서 북반구인들은 기존의 다양한 SF물과 달리 외계인으로부터 침공을 당하는 존재가 아니라 스스로 외계인이 되어 판도라라는 평화로운 행성을 침공한다. 그리고 판도라의 테란인 나비족의 형상을 입고 그들의 땅을 뿌리부터 파괴하려 든다. 이 영화에서 인간들은 아귀 자체다. 지구 행성의 에너지를 모두 고갈시킨 뒤 또 다른 행성에 들러붙으러 가는 것이다.

그런 의미에서 나는 〈아바타〉 1편을 처음 보고는 근대적 휴머니즘을 넘어서는 대안적 상상력이자 서사라고 생각했다. 2009년 당시에 〈아바타〉는 북반구 선진국의 남반구에 대한 착취를 성실하게 반성하는 작업이자 발을 들이는 곳마다 모든 걸 파괴하고 마는 초국적 자본에 대한 생태주의적 비판으로서, 무엇보다 타자-되기를 택하는 탈-휴머니즘적 철학의 대중적 재현으로 다가왔다. 물론 영화는 다른 한편으로 하반신 마비를 자신의 한계라고 생각하는 퇴역 군인 제이크 설리(샘 워딩턴 분)가 '망가진 신체'를 버리고 자신의 기억을 그대로 보존한 채 나비들의 행성인 판도라의 전설적인 영웅 '토루크 막토'로 거듭나는 트랜스휴먼 서사*이기도 했으므로 미심쩍은 부분도 있었다. 게다가 이는 지구에서 손상된 남성성을 회복하는 과정이기도 했다. 제이크는 나비족이 제시하는 '남자가 되는(becoming man)' 통과의례를 완수한 후에야

---

* 할리우드 히어로물의 장애 재현과 관객 수용에 대해서는 조혜영의 「신체에서 신체로 미끄러지기—니시딜 킬릭비스터 관객성은 어떻게 장애화된 신체를 대가로 구성되는가?」(《문학동네》 2021년 여름 통권 107호, 문학동네, 2021)에서 흥미로운 관점을 만나볼 수 있다.

비로소 '나비의 아들(son of omatikaya)'로 승인받았다.

〈아바타〉는 다양한 서사적 레이어가 쌓여 해석의 묘를 발휘할 수 있는 작품이었고, 이것이 영화의 장점이었다. 전 세계인을 매료시킨 건 이 작품의 스펙터클과 비주얼만이 아니었다. 서로 다른 정치적이고 문화적인 입장을 가진 이들에게 각자 다른 방식으로 호소력을 발휘할 가능성이 이미 서사 안에 내재한 것이다. 그러나 13년 후 다시 찾아온 〈아바타: 물의 길〉(제임스 캐머런, 2022)은 어떤 해석의 시도도 무색하게 만든다. 전작이 가지고 있던 섬세한 면모들이 사라진 자리에 오로지 "아버지는 (전쟁으로) 가족을 지킨다, 그것이 존재 이유다"라는 군사주의적 가부장제 밈(Meme)만이 남았기 때문이다.

'아바타' 시리즈의
강고한 이분법과 지배적 허구

가혹하게 들릴지도 모르겠지만 〈물의 길〉은 〈아바타〉의 수준 떨어지는 변주에 불과하다. 각종 화려한 잔재주들을 걷어내고 보면 〈아바타〉 역시 아버지를 배신하고 자신의 길을 떠나는 탕자의 서사였다. 애초에 해병대 출신의 상이군인 제이크 설리는 지구의 에너지 문제를 해결하기 위해 가동된 아바타 프로젝트에 꼭 필요한 존재였던 쌍둥이 형 토미 설리의 대체물이었다. 그리고 판도라에서 만난 '나쁜 공적 아버지'인 마일스 쿼리치(스티븐 랭 분) 대령을 배신하고 나비족의 전설의 지도자 '토루크 막토'의 길을 선택했다. 그러므로 〈물의 길〉에서 순종적인 큰아들 네테얌이 아닌 반항하는 둘째 아들 로악이 제이크의 후계자로 선택되는 건 일종의 운명론이라고 해도 무방하다. 로악이 2022년 물의 부족 '멧카이나'의 땅에서 경험하는 모든 일은 제이크가 이미 2009년 숲의 부족 '오마티카야'의 땅에서 겪은 일이다. 부족장의 딸과 사랑에 빠지는 것까지도 말이다.

영화는 침략과 약탈로 이루어진 세계사의 구조를 비판적으로 성찰하고자 했던 전작과 달리 사적 복수극으로 시야각을 극적으로 축소하면서 본격적으로 아버지와 아들의 관계에 파고든다. 한쪽에서 제이크와 네이티리(조 샐다나 분)의 아들들이 '어떻게 하면 아버지에게 인정을 받을 것인가'를 고신하는 동안, 다른 한쪽에서는 인간의 몸에 나비의 영혼을 지닌 소년 스파이더(잭 챔피언 분)와 나비의 몸에 인간의 영혼을 담은 마일스 대령의 혈육 찾기가 진행된다. 1편에서 펼쳐진 나비족과의 마지막 전투에서 마일스 대령은 사망하지만, 그는 아들 스파이더와 자신의 DNA를 세상에 남겨놓았다. 〈물의 길〉은 마일스 대령의 DNA와 기억을 가진 아바타가 판도라로 돌아와 제이크 설리에게 복수를 시도하는 이야기다. 그 마일스 앞에 자신이 판도라에 남겨두고 떠났던 아들 스파이더가 나타나는 것이다. 스파이더 입장에서도 난감하긴 마찬가지다. 갑자기 나타난 아버지-아바타에 대한 깊은 증오는 그를 혼란에 빠트린다. 스파이더가 〈물의 길〉에서 수행해야만 하는 과제는 "어떻게 하면 아버지처럼 되지 않을 것인가" 혹은 "어떻게 하면 인간처럼 굴지 않을 것인가"다. 그러나 영화는 '피의 끌림'을 강변하면서 스파이더를 시험에 들게 한다. "그렇다고 해서 네가 친부의 정체성을 가진 아바타를 외면할 수 있겠느냐"라며.

이렇게 강력한 '피의 끌림'이라는 부계혈통주의 판타지는 〈물의 길〉을 지배하는 생물학적 본질주의와 맞닿아 있다. 영화는 생명을 여자와 남자로 나누고, 이 두 개의 성별에는 각자 정해진 자리가 있다는 성별 이분법이 자연이자 본질이라고 단언한다. 돌이켜 보면 제이크가 자신의 인간 정체성을 버리고 나비가 될 수 있었던 이유도 판도라가 북반구 문명과 이런 가치관을 공유한 덕분이다. 만약 제이크에게 다른 성별 되기가 요구되었다면, 그는 나비가 요구하는 '토루크 막토'의 임무를 수행할 수 있었을까? 결국 해병대의 정신을 장착한 제이크에게 나비가 된다는 건 타자-되기가 아니라 초인간 비행 병기로의 진화이자 아버지가 되기 위한 준비 과정이었을 뿐이다. 마찬가지로 그가 토루크 막토가 될 수 있었던 것은 이미 군인으로서 전쟁을 이끌 지도자의 자질을 갖추었기 때문이기도 하다.

이에 더해, 강고한 성별 이분법과 그에 기반한 강제적 이성애*는 남반구 원주민에 대한 대상화를 서사적 근

---

* 미국의 시인이자 작가, 페미니스트인 에이드리언 리치(Adrienne Rich)가 1980년에 발표한 에세이 「강제적 이성애와 레즈비언 존재(Compulsory Heterosexuality and Lesbian Existence)」에서 제시한 개념이다. 이 개념은 이성애가 자연스럽고 본능적인 것처럼 여겨져도 실제로는 남성중심적인 가부장제하에서 남성이 여성을 성노예화하는 다양한 조건들 안에서 여성에게 강요된 것임을 강조한다. 이 과정에서 레즈비언 존재와 섹슈얼리티, 그리고 역사까지도 지워졌는데, 이것에 별 문제의식을 느끼지 못하면서 이성애를 여성의 기본값으로 상정하고 작업한 페미니스트들이 퀴어 배제적인 인식론을 확대 재생산하고 있다는 것이 리치의 문제의식이었다. 그리하여 "학계 페미니즘 문헌의 상당수에서 레즈비언 존재가 삭제되는 현실"이 "반레즈비언에 그치는 것이 아니라 결과적으로 반페미니즘으로 흐를 수밖에 없으며, 이성애자 여성의 경험까지 왜곡"한다고 리치는 설명한다.(에이드리언 리치, 「강제적 이성애와 레즈비언 존재」, 『우리 죽은 자들이 깨어날 때』, 이주혜 옮김, 바다출판사, 2020)

거로 이용한다. 나비는 관객들에게 '아주 오래된 미래'로 다가온다. 나비족이 인간보다 자애롭고 용맹하며 지혜로운 우주 종으로 그려지는 가운데 아메리카 원주민 혹은 아프리카 원주민의 모습을 원형으로 하는 '설정된 원본이 있는 모사'인 까닭이다. 영화는 북반구를 과학과 역사의 자리에, 남반구를 자연과 탈역사의 자리에 놓는 진부한 이미지 정치를 통해 나비가 실천하는 가부장제가 생명체의 본능이라고 주장한다. 그렇게 나비의 가부장제적 공동체는 황폐해진 지구로 상징되는 북반구 문명이 추구해야 할 미래임과 동시에 회복해야만 하는 노스탤지어가 되어버린다. 이런 경향은 〈물의 길〉에서 더 강해지는데, 인간과 싸우는 전사이자 제이크에게 나비의 지혜를 가르치는 스승이며, '대자연의 어머니' 에이와와 나비를 매개하는 무당이었던 네이티리의 역할은 토루크 막토의 아내라는, 전통적인 현모양처에게 허락된 보조석에 안온하게 닻을 내린다. 그리고 네이티리를 따라 '여자'로 성장하고 있는 아이들도 딸의 자리에 묶인 채 버둥거리기는 마찬가지다. 딸들의 능력은 키리(시고니 위버 분)에게서 최대치로 구현되는데, 그건 판도라를 보살피는 에이와와 교감하는 능력이다. 이는 위대한 권능이지만, 자연보다는 문명에 헤게모니를 부여하면서 자연을 착취해온 세계에서 오랫동안 여성에게 관습적으로 할당해온 성역할임을 부정할 수는 없다.

게다가 〈아바타〉와 달리 〈물의 길〉의 에이와는 신이자 자연 그 자체라기보다는 오히려 거대한 네트워크로 보는 것이 합당할 것 같다. 나비족도, 아바타도, 그리고 키리까지도 판도라를 사물 인터넷처럼 사용하기 때문이다. 나비의 신체를 가진 이들은 네트워크에 접속해서 시그널을 보내는 경로를 파악하기만 한다면 자신의 필요에 따라 판도라를 조정할 수 있다. 나비의 전사가 판도라의 비행 생명체 '이크란'이나 수중 생물인 '추락'과 '샤헤일루(교감)'한다고 말하는 건 허울 좋은 명분이고 '샤헤일루'는 '길들여서 통제하는 것'의 다른 이름에 불과하다. 그래서 군사적 이미지에 익숙한 우리는, 별 무리 없이 이크란을 타고 날아다니는 오마티카야는 공군으로, 추락을 타고 질주하는 멧카이나는 해군으로 이해하게 된다. 그런 의미에서 '아바타'의 생태주의란 자연에 대한 '애완(愛玩)'일 뿐이다.

사실 에이와의 이념적인 모델이 된 가이아는 그렇게 수동적으로 움직이는 존재가 아니다. 그리스인들 사이에서 "괴물 같은(monstrous)" 가이아라고 불렸던 그는 흉포하고 두려운 존재다. 태초에 가이아는 카오스, 타르타로스, 그리고 에로스와 더불어 세계를 있게 한 최초의 존재였다. 가이아는 아들 "별 많은 우라노스(하늘)"를 낳고 그를 남편으로 맞이하여 많은 아이를 낳았다. 하지만 우라노스가 아이들을 가이아 안에 가두어놓자 이를 참을 수 없어 자식들과 공모해 남편 살해를 계획한다. 이에 동참한 아들이 바로 "음모를 꾸미는 위대한 크로노스(시간)"다. 가이아는 크로노스에게 낫을 주었고, 아들은 아버지의 성기를 잘라 거세한다. 크로노스가 자신과 손을 잡았을 때, "거대한 가이아"는 속으로 크게 웃었다.* 이런 괴물성이 제임스 러브록(James Lovelock)이 지구 시스템의 자정 능력에 대해 환기하면서 차용한 가이아의 특성이기도 하다. 인간이 가이아를 괴롭히고 가이아의 다른 자식들을 해치는 일을 지속한다면, 가이아는 우리를 추구(芻狗, 지푸라기 개)와도 같이 태워버릴 것이다.**

---

* 헤시오도스의 『신들의 계보』(천병희 옮김, 도서출판 숲, 2009)를 참고했는데, 천병희는 "가이아는 마음속으로 크게 기뻐했다"고 번역했지만 "크게 웃었다"라고 한 아미타브 고시의 표현이 더 마음에 들어 고시의 것을 가져왔다.

** 제임스 러브록의 『가이아(Gaia: a New Look at Life on Earth)』(2004)에서 제안하는 '가이아' 개념에 기대어 작업한 존 그레이(John Gray)는 『하찮은 인간, 호모 라피

에이와를 입맛에 맞게 다루려는 태도는 영화에 등장하는 종차별주의와도 연결된다. 흥미롭게도 〈물의 길〉은 나비족의 죽음을 상상할 때는 매우 조심스러우면서도 이크란이나 추락의 죽음은 한없이 가볍게 다룬다. 물론 영화가 언어와 문화를 가지고 사회를 형성하며 살아가는 거대한 고래인 툴쿤을 사람(people)으로 여기고 그들을 인격체로 그리는 것은 주목할 만하다.* 하지만 이 역시 언어, 이성, 가족을 근간으로 하는 사회 등 지극히 인간적(humane)인 기준을 '사람의 조건'으로 제시한다는 점에서 종차별적이다. 영화는 "인간이란 무엇인가?", 그리하여 "누구를 호모사피엔스와 동질적인 자리에 놓을 것인가"라는 질문에 대해, 그게 마치 자연이라는 양 시치미

엔스(Straw Dogs: Thoughts on Humans and Other Animals)』(2010)에서 노자의 『도덕경』을 인용한다. "천지는 어질지 않아 만물을 추구와 같이 여긴다." 여기서 추구는 중국에서 제사를 지낼 때 쓰던 짚으로 만든 개다. 추구는 제사가 끝나면 태워버린다. 그레이는 천지에게, 그러니까 가이아에게 인간은 그저 쓸모없어지면 태워버리는 지푸라기 개와 같다는 점을 강조한다.

* 나는 이 책에서 호모사피엔스와 사람을 다른 의미로 사용한다. 호모사피엔스는 스스로를 유일한 '인간', 유일한 '사람'으로 여겨온 특수한 종, 즉 우리에 대한 이름이다. 이와 달리 사람은 '존엄한 생명 종'을 의미하고, 그 조건은 호모사피엔스가 규정할 수 있는 것이 아니다. 이 아이디어는 에두아르두 비베이루스 지 카스트루의 『식인의 형이상학: 탈구조적 인류학의 흐름들(Métaphysiques cannibales: Lignes d'anthropologie post-structurale)』(박이대승·박수경 옮김, 후마니타스, 2018)으로부터 얻었고, 이에 대해서는 손희정의 「창살과 영혼」(『제로의 책』, 강현석·김영옥 외, 돌과닻, 2022)에서도 다루었다.

를 뚝 떼고 북반구 근대인의 관점에서 답한다. 그 핵심에는 지력과 '정상 가족'을 꾸리는 이성애가 놓여 있다.*

이런 이유로 〈물의 길〉에 이르면, 전작인 〈아바타〉까지도 비장애인 중심의 군사주의를 진부한 남성 영웅 서사에 버무려놓은 퇴행적인 작품이 아닌가 하고 의심하게 된다. 여기에는 남성과 여성을 나누는 성별 이분법뿐 아니라, 북반구/남반구, 과학/자연, 육체/정신, 물질/비물질 등의 각종 이분법이 자리한다. 그리고 이 이분법 안에서 인간의 정신이 아바타의 신체를 정확하게 조종할 수 있다는 주체성에 대한 환상은 작가/감독이 모든 이미지를 완벽하게 통제할 수 있다는 도착적인 제어 욕망과

---

* 에두아르두 비베이루스 지 카스트루는 『식인의 형이상학』에서 "고유한 것을 전혀 갖지 않음이 '인간'의 고유함"이며, "인간이란 무엇인가?"라는 질문은 "너무나 분명한 역사적 이유들 때문에 시치미를 떼지 않고서는 대답하는 것이 불가능한 질문이 되어버렸다"(21)고 쓴다. 그는 이런 설명을 통해 과거의 인류학이 타자에게서 우리에게 "없는 것"을 찾아 헤매면서 그들에게 "자본주의의 합리성, 개인주의와 기독교, 불사의 영혼, 언어, 노동, 간벌, 금지, 유형성숙, 메타 지향성" 등이 부재한다(21)는 사실을 강조하고, 이를 가지고 있는 북반구인들을 진정한 인간의 자리, 문명의 자리에 올려놓고자 했지만, 그 어느 것도 인간됨을 규정하지 못한다는 사실을 강조하고자 했다. 이 모든 기준은 그저 만들어진 기준일 뿐이며, 북반구의 인류학이라는 학제는 이를 자연화시키고 강화했을 뿐이다. 마찬가지로 '아바타' 시리즈에서 강조되는 인간적인 가치로서의 이성애 정상 가족과 그것이 기댄 성역할 고정관념은 나비족과 툴쿤족을 '사람'으로 만들어주는 당연한 조건이 아니라 할리우드의 지배적 허구가 기댄 강력한 이데올로기일 뿐이다. 그런 의미에서 '아바타' 시리즈는 유사 인류학적 고찰이라고 볼 수도 있겠다.

겹친다.

그리고 이 제어 욕망은 아무래도 기이하다. 북반구 문명이 정복해서 죽여버린 것, 소멸시켜버린 것을 또다시 엄청난 전기와 테크놀로지를 동원해 가상 화면으로 되살려놓은 뒤 극장에서 즐기는 걸 우리는 어떻게 이해해야 할까? 게다가 이 문명은 바닷속 생명 역시 끊임없이 멸종시킨다. 그렇게 죽인 생명을 스크린에 띄워놓고 "정말로 진짜 같지?"라고 과시하다니, 비싸디비싼 악취미라고밖에 달리 설명할 방법이 없다. 물론 〈물의 길〉은 코로나 시대에 인간이 가없이 착취해온 자연을 가상의 이미지로 구현해 예쁘게 포장해서 진짜 자연인 것처럼 시장에 내놓아 떼돈을 벌었다. 인간이 짓밟아 더 이상 존재하지 않는 천혜의 아름다움이 이제는 진귀한 상품이 된 것이다.

그런 의미에서 〈물의 길〉은 우리 시대의 지배적 허구가 생태주의라는 허울 속에서 선연하게 자신을 드러낸 한 단면이다. 그렇게 근대 이후 세계를 지배해온 이데올로기를 정당화하는 이야기이자, 모든 작은 이야기들을 지배하면서 지워온 지배적인 이야기의 최신 버전인 것이다.

여기, 말하는 너구리의 세계가 있다

이제 잠시 숨을 돌리고 '말하는 너구리'를 만나보자. 그는 장비와 부품만 있다면 무엇이든 고치고, 무엇이든 만든다. 남의 물건에 손을 대는 일쯤은 아무렇지도 않게 여기는 무법자지만, 동료들과 함께라면 가끔 우주를 구하는 영웅이 되기도 한다. 그러나 그의 과거는 거의 알려지지 않았다. '가디언즈 오브 갤럭시(Guardians of the Galaxy)'(이하 가오갤) 시리즈의 로켓(브래들리 쿠퍼 분) 이야기다. '가오갤'의 세계는 '아바타' 시리즈만큼이나 북반구의 남반구 착취에 대해 고민하면서, 동시에 비인간 동물을 사람(person)으로 바라보는 것에 관심이 많다. 그리고 지배적 허구가 가려놓았던 작은 이야기를 지배적인 생산양식 안에서(그러니까 할리우드의 거대 자본이 생산한 상품을 광범위한 유통망을 통해 배급, 판매하는 방식 안에서) 조금 더 적극적으로 펼쳐낸다.

감독인 제임스 건(James Gunn)은 처음 '가오갤' 시리즈의 연출을 제안받았을 때 이 너구리가 궁금했다. "그는 어떻게 존재하게 됐을까?" 말하는 너구리 로켓의 비밀스러운 과거는 시리즈가 탄생하던 그 순간부터 표면 아래

잠재된 질문이었다. 건은 "동물이라는 이유로 끌려가 (끔찍한 동물실험 끝에) 그래서는 안 되는 존재로 변해버린" 작고 순진무구한 이에 대해 생각했다. "이 작은 동물은 찢겼다 다시 합쳐졌다. 그의 삶은 고통스러웠고, 그는 너무나도 외로웠다." '가오갤' 시리즈의 종장(終章)인 3편에 이르러서야 건은 이 아이디어로 돌아가 로켓의 사연에 집중한다. 그와 함께 가오갤 시리즈를 스쳐 간 다른 동물들도 재조명을 받고, 이야기는 우리 시대에 기억할 만한 동물 서사로 완성되었다.

　그중 하나가 염력을 가진 개 코스모다. 1편에서 코스모는 '노웨어'*에 근거지를 둔 장물아비 '컬렉터'의 수집품 중 하나였다. 잠깐 등장하고 사라진 그에게는 이름도, 목소리도, 사연도 없었다. (그를 알아본 원작 팬들에게는 카메오 출연으로 여겨졌지만, 관객 대부분은 코스모가 출연했다는 사실조차 기억하지 못할 것이다.) 2편과 3편 사이에 디즈니 플러스를 통해 공개된 〈홀리데이 스페셜〉에서 본격적

---

* MCU에 등장하는 소행성. 은하계 범죄자들이 모여드는 위험한 장소이며, 우주적 존재인 셀레스티얼의 머리로 만들어져 있다. 타노스와의 격전이 벌어진 〈어벤져스: 엔드게임〉 이후의 시간을 다루는 '가오갤'의 〈홀리데이 스페셜〉에선 가오갤이 노웨어를 구매해서 그곳을 근거지로 삼는데, 아마도 코스모 역시 그 시기에 가오갤의 농료가 되었을 것이다.

으로 모습을 드러낸 코스모는 3편에서 자신의 과거를 언급한다. 그는 인간의 항공우주 실험에 이용당한 수많은 라이카 중 한 명이었다. 실제로 1957년 소련에서 발사한 스푸트니크 2호에 탑승하면서 최초로 우주에 진입한 포유류로 기록된 '떠돌이 개' 라이카는 우주선 안에서 끔찍한 죽음을 맞이했다.* 이후로 라이카는 '인간의 진보'라는 망상에 희생당한 수많은 동물을 대표하는 상징적 존재가 됐다. 그 라이카가 영화의 클라이맥스에 당당하게 버티고 서서 그의 염력을 이용해 수많은 생명을 살린다.

2편 오프닝에서 '소버린' 행성의 배터리를 먹어 치우는 괴물로 등장해 영화 시작과 함께 가오갤에게 처참히 학살당하는 우주 종(種) 애빌리스크 역시 3편에 이르러 난폭한 괴물이라는 누명을 벗는다. 타인의 감정을 읽을 수 있는 인섹토이드(insectoid, 곤충 인간) 맨티스(폼 클레멘티에프 분)가 애빌리스크가 다른 생명을 해할 의도가 없다는 걸 깨닫고 곧 그들과 친구가 되는 것이다. 애빌리

---

* 라이카는 러시아에서 부르는 개 품종 명이고, 최초의 우주 개의 이름은 쿠드랍카였다. 그는 모스크바 시내를 떠돌던 개였고, 러시아 과학자들에 의해 포획당했다. 사람이 기르는 개보다는 길에서 떠도는 개, 그중에서도 여자 개가 더 강인하리라는 생각 때문이었다. 쿠드랍카는 스푸트니크 2호가 발사되고 1주일 후에 독약이 든 음식을 먹고 안락사될 예정이었지만 우주로 나간 지 7시간 만에 고열 속에서 고통스럽게 사망했다.

스크가 보였던 공격성은 두려움이 만들어낸 방어 행동일 뿐 그의 속마음이 맨티스를 경유해 인간 종의 언어로 번역되면서 관객은 애빌리스크의 다른 모습과 만난다.

이런 배치 안에서 로켓이 어린 시절 '하이 에볼루셔너리'에게 당했던, 실험을 빙자한 학대의 의미가 비로소 완성된다. 로켓이 두 발로 걷고 인간의 말을 하는 '고등 동물'이기 때문에 우리는 그를 의인화된 캐릭터로 받아들여왔다. 가오갤의 무법자들(outlaws)이 인간 사회의 지배적인 시스템에서 배제된 이들의 소수자성을 보여준다고 할 때, 로켓도 그중 하나로 여겨진 것이다. 그러나 3편에 이르러 로켓의 아픔은 인간 경험에 대한 환유가 아니었음이 드러난다. 로켓을 괴롭히는 기억과 트라우마의 표현은 인간이 비인간 동물에게 자행했던 폭력이 초래한 고통 그 자체에 대한 묘사다. 로켓이 끝내 자신이 너구리임을 인정하고 철창에 갇힌 다른 비인간 동물들을 구하기로 결심한 이유도 여기 있다. 다른 무엇이 아니라 '동물'이기에 당했던 고통을 자기 정체성의 일부로 받아들인 것이다.*

---

* 국제 동물권 단체 페타(동물을 윤리적으로 대하려는 사람들·PETA) 역시 〈가오갤 3〉이 "동물실험에 대한 강력한 메시지를 전한다"고 평가하고 2023년 5월 제임스

'가오갤' 삼부작은 인간 사회의 관습적인 사고방식과 진부한 규범으로부터 조금씩 멀어졌고, 마지막 편에선 가장 강력한 이데올로기인 휴머니즘을 비판한다. '가오갤 1'은 주류 사회에서 배제된 이들이 서로 손을 잡는 순간을 클라이맥스에 배치했다. 이 이방인들은 영웅이 되기보다는 동료가 되기로 선택했기 때문에 우주를 구하고 '수호자(가디언즈 오브 갤럭시)'로 거듭난다. '가오갤 2'는 욕심 사나운 '아버지'를 한껏 조롱했다. 시리즈의 주인공 중 하나인 반인반신(半人半神) 퀼(크리스 프랫 분)은 난생처음 아버지 에고(커트 러셀 분)와 만나는데, 그는 마블 세계관에서 신적인 위치를 점하는 셀레스티얼* 중 하나다. 에고는 "삶의 진정한 목적은 단 하나, 성장하고 퍼져서 완전히 장악하는 것"이라고 주장하면서 퀼에게 함께 세계를 집어삼키자고 떼를 쓴다. 영화는 근대인의 팽창에 대한 열망과 그 근간에 놓여 있는 부계혈통주의를 풍자한다. "아버지가 구한다"로 향하는 '아바타'와는 완전히 반대 방향으로 가면서 "위대한 아버지가 우리를 살린

건 감독에게 '번호가 아닙니다 상(Not a Number Award)'을 수여했다.

* 이들이 MCU 페이즈 4의 세 번째 작품이었던 〈이터널스〉(클로이 자오, 2021)의 주인공들이다.

다는 믿음이 세계를 파괴해왔다"고 말하는 것이다. 퀼은 인간의 형상을 한 신-아버지를 버리고 다양한 존재의 형상을 한 동료들 옆에 선다. 영화는 그의 백인 피부, 건장한 신체, 노골적인 '사내다움'이 운명적으로 지속 가능한 발전과 개발, 진화(evolution)라는 신화에 복무할 필요가 없으며, 남성성 자체가 그런 환상으로 규정될 필요도 없다는 걸 강조한다.

세계정복을 위해 수천만 년을 준비하는 에고의 집념은 3편의 미친 과학자(mad scientist, SF 장르의 전형적 인물유형, 자신의 연구 성과를 위해 인간으로서 지켜야 할 도덕이나 양심을 버린 과학자) 하이 에볼루셔너리의 창조주가 되고자 하는 욕망과 겹친다. 그는 멋대로 생명을 변형해서 완벽한 생명체를 만들고, 그들을 이용해 위대한 문명을 세우는 것이 숭고한 목적이라고 우긴다. 그리고 동물실험을 통해 수많은 생명을 해친다. 로켓은 그의 실험동물 '89P13'이었지만, 결국 자신을 만든 창조주의 지성을 뛰어넘는 존재로 진화했다. 그런 와중에도 하이 에볼루셔너리는 로켓을 오직 도구로 대하며 그의 뛰어난 뇌만을 원할 뿐이다.

하이 에볼루셔너리는 결과가 만족스럽지 않다는 이

유로 자신이 만든 행성 하나를 통째로 날려버린다. 문명 하나를 절멸시키는 일. 너무 잔인해서 영화 시나리오 속에서나 일어날 법한 일처럼 느껴지지만, 우리가 이미 앞에서 살펴본 것처럼 실제로 그런 사건은 역사 안에서 몇 차례고 반복되어왔다. 유럽인들의 아메리카 대륙 점령이 그러했고, 아프리카 대륙에서 벌어진 노예무역이 그러했으며, 몸체를 늘려만 가는 인간 문명의 자연 침탈이 그러하다. 흥미로운 건 그가 굳이 흑인의 신체로 재현된다는 점이다. 왜일까? 제국주의의 역사 안에서 오직 '인간'으로 여겨진 것은 '백인 남성' 아니었던가? 게다가 백인들은 흑인들을 '동물'의 자리에, 그렇게 이성의 빛과 대비되는 야만이라는 어둠의 자리에 놓고 착취하지 않았던가? 이 질문에 대한 답은 그의 얼굴이 뜯기는 장면에서 찾을 수 있을지도 모르겠다. 백인 문명에 동화되어 근대인의 내면을 가진 그는 본래의 얼굴을 잃고 그 위에 흑인 가면을 쓰고 살아가는 셈이다.

이런 이해가 한편으로는 조던 필(Jordan Peele)의 〈겟 아웃(Get Out)〉(2017)이 함의하는 바였을 터다. 미국 최초의 흑인 대통령이었던 오바마 이후에 등장한 '포스트-오바마' 텍스트로서 〈겟 아웃〉은 백인들이 가진 역차별의 감각을 비판하면서 동시에 흑인들이 가진 백인 선망을 꼬집는다. 흑인 사진작가인 크리스(대니얼 컬루야 분)가 백인 여자친구인 로즈(앨리슨 윌리엄스 분)의 집에 초대받아서 벌어지는 일은 황당하기 짝이 없다. 로즈의 고향 마을에 모여 사는 중산층 백인들은 흑인들의 건강한 신체와 이제는 '힙한 것이 된' 피부색을 동경한다. 그래서 흑인의 신체를 포획해 정신을 무의식 차원에 가둬놓은 뒤 자신의 정신을 그 신체로 이식한다. 흑인의 신체를 점령한 백인의 정신은 프란츠 파농이 말한 "하얀 가면"(식민 지배하에서 백인을 동경하게 되는 흑인들이 경험하게 되는 이중의식)의 21세기적 전도이기도 하다. 이와 비교하면 시스템에 저항하기보단 그 안에서 자신의 위대함을 증명하고자 했던 '블랙 팬서' 시리즈의 그 모든 화려함이 딜레마에 갇힌 '흑인 가면'처럼 다가오기도 한다. 하이 에볼루셔너리의 '흑인 가면'은 동물의 도구화에 대한 문제 제기와 만나 근대적 휴머니즘에 대한 비판을 한층 심화시킨다.

그리하여 우리는 같은 관심사를 가지고 있는 두 작품 안에서 서로 다른 태도를 만나게 된다. '아바타' 시리즈에서는 북반구의 백인 엘리트가 창조주의 자리에서 자신만의 안온한 세계를 창조하고 흐뭇해하는 걸 본다면, '가오갤'에서는 오히려 자조의 낄낄거림을 보게 되는 것이다. 무언가 '과도한 피시(Political Correctness)주의'라고 비판받을 수 있다면, 그건 바로 '아바타' 시리즈에 등장하는 기만적인 태도다. 정치적으로 올바른 태도를 장착하고 역사를 성찰하는 것처럼 보이지만 사실은 그 역사를 옹호하는 서사의 철옹성을 쌓고 있을 따름이니까 말이다.

3장

"문명은 자연과 대결한다"는 믿음

일단 세계를 죽은 것으로

상상하기만 하면,

우리는 세계를 실제로 그렇게 만드는 데

매진할 수 있다.

—벤 에런라이크, 『사막 공책』

2020년 이후 우리 인간은 총성 없는 전쟁을 벌여왔다. 그 전쟁은 "바이러스와의 전쟁"이라고 불렸다. 하지만 우리는 코로나를 "자연 대 과학의 대결"로 이해해서는 안 된다는 보건 의료 전문가 리 험버(Lee Humber)의 경고에 귀 기울여야 한다. 이미 자본화된 과학기술에 기대는 사고방식은 오히려 감염병의 시대를 지속시키기 때문이다.

험버에 따르면 자본주의사회에서 "우리가 먹는 식품을 생산하는 방식"이 더 치명적인 병원체를 번식시킨다. 서구인들은 중국인의 괴식이 코로나를 불러온 것처럼 말하길 좋아하지만, 실제로 인수공통감염병이 동물을 넘어 인간으로까지 전해지는 건 단순히 밀림에 사는 동물들을 '낯선 식재료'로 즐기는 일부 문화권 때문만은 아니다. 일반적인 식재료로 여겨지는 소와 돼지 등의 사육 면적이 점차 넓어지면서 인간의 서식지와 박쥐의 서식지가 가까워지고 있는 것이다. 거기에는 〈컨테이젼〉에서 보여주는 오지 난개발도 한몫한다. 험버는 인간이 별의별 것을 먹어치우는 상황, 게다가 점점 더 많이 먹어치우는 상황에서 자연을 대결 상대로 보는 관점은 더 많은 파괴를 불러오고, "바이엘 같은 거대 제약 회사"*에 도움이 되는 이야기만 퍼트릴 뿐이라고 설명한다.(리 험버 2020, 36-37) 그들은 자연을 파괴하면서 돈을 벌고, 그 파괴로 초래된 질병을 치료하기 위한 약품을 만들면서 돈을 번다.

　말하자면 이 모든 과정은 "자연 대 과학의 대결"이 아니라 "과학 대 과학의 대결"이고, 그 경쟁으로 이득을 보는 이가 계속해서 판돈을 올리는 불공정 게임이다. 이 게임에서 북반구의 거대 기업은 북반구 문명의 타자들을 그들의 지식과 기술로 무한히 착취할 수 있는 '자연'으로 여기면서 수탈했다. 이렇듯 팬데믹의 근원에는 확장에 대한 가없는 욕망과 지속가능한 발전이라는 환상이 놓여

---

* 　바이엘은 농약·제초제·살충제 제조 산업의 선두 주자이며, 2018년에 몬산토를 630억 달러에 인수한 후 세계 최대 종자 회사가 됐다. 몬산토는 농업계에서 '몬스터'로 통하는 기업으로, 1980년대까지 제초제와 농약 같은 농화학 제품으로 세계를 호령했고, 이후 GMO(유전자 변형 작물) 종자 개발로 이름을 떨쳤다. 2013년 기준 전 세계 유전자 변형 종자 특허의 90퍼센트 이상을 보유하고 세계 종자 시장의 25퍼센트를 차지했다.

있다. 생물학자 최재천(2020)은 이런 상황의 유일한 해결책으로 "생태 백신"을 제안한다. "문명과 자연 사이에 적절한 거리를 유지"하는 것 외엔 달리 방법이 없다고 보는 것이다.

하지만 서구 유럽에서 시작되어 전 세계로 촘촘하게 이식된 근대적인 세계관에서 '자연'은 언제나 점령하고 길들이는 대상이었지, 존중하고 거리를 유지할 대상은 아니었다. 아미타브 고시(Amitav Ghosh)는 『육두구의 저주(The Nutmeg's Curse)』에서 육두구나무라는 역사의 행위자(agent)를 중심에 놓고 이러한 침략과 수탈의 거대한 스케일을 서술해나간다.* 육두구나무는 인도네시아 반다 제도를 중심으로 번식했는데, 여기서 나는 향신료인 육두구는 유럽 제국주의 침략사의 정점을 장식했다. 1600년대 초, 이 향신료의 가치를 깨달은 네덜란드인들이 육

---

* 아미타브 고시는 인간뿐만 아니라 다양한 물질 역시 역사의 동인이자 행위자라는 태도를 견지한다. 예컨대 그는 정향과 육두구와 같은 향신료가 없었다면 서구의 제국주의 침략의 성격은 물론 세계사의 궤도 역시 지금과 달라졌을 것이라 주장하고, 수탈 속에서 말살 정책의 대상이 되기도 했던 육두구가 지금까지 살아남아 버티는 생명력을 단순히 '경이로운 자연의 힘'이라는 식으로 신비화하기보다는 육두구의 행위자성 안에서 묘사한다. 이는 브리노 라투르(Bruno Latour)의 행위자 연결망 이론(Actor Network Theory, ANT)을 떠올리게 하는데, 그런 의미에서 고시의 작업은 신유물론을 직접적으로 언급하지 않아도 그 관점과 맞닿아 있다. 신유물론에 대해서는 4장에서 다시 이야기 나눠보자.

두구 무역을 독점하려 한다. 대대로 육두구를 재배하고 판매해온 반다인들은 다양한 수완을 발휘해서 네덜란드의 무역 통제 시도에 저항했다. 결국 반다인들이 뜻대로 통제되지 않는 의심스럽고 위험한 "야수(brute)"라고 생각한 네덜란드인들이 그들을 말살해버린다. 고시는 그 과정을 이렇게 묘사했다. "단 몇 개월 만에 자부심 넘치고 진취적인 무역 공동체였던 반다족은 더 이상 하나의 민족으로서 존재할 수 없게 되었다. 그들의 세계는 10주도 안 되는 기간 사이에 종말을 고했다."(45) 세계(들)의 끝(the Ends of the World)이었다.

심지어 네덜란드인들이 계획했던 종말은 이게 다가 아니었다. 무역 독점 후 육두구의 가치가 떨어지자, 네덜란드 동인도회사는 이제 반다 제도 외부에서 서식하는 육두구나무를 말살하겠다고 나선다. 절멸, 즉 제거(exterpatie) 정책이 시행된 것이다. 공급을 줄여 가치를 높이기 위해서였다. 동인도회사는 세계를 무한히 착취할 수 있는 자원으로만 바라보았고, 제노사이드는 물론 옴니사이드(omnicide, 생물의 절멸)를 향한 충동 역시 숨기지 않았다. 하지만 육두구나무는 그렇게 만만한 상대가 아니었다. 그 나무들은 번식력이라는 "무기"를 꺼내 들고, 프랑스와 영국의 식물 사냥꾼들을 타고 세계의 여기저기로 퍼져나갔다. 그리하여 반다인과 육두구나무는 반다 제도 밖에서 끈질기게 살아남았다. 반다인들은 여전히 "육두구에 대해 노래하고, 잃어버린 선조와 땅에 대한 기억 속에 그 나무를 엮어 넣는다".

북반구가 남반구의 생명을 죄의식 없이 침탈할 수 있었던 건 본인들의 역사가 새겨지지 않은 땅을 텅 빈 '황무지(wilderness)'로 보았기 때문이다. 그들은 자신들이 존재하지 않았던 시간은 아무것도 존재하지 않았던 시간인 것처럼 상상했다. 마치 하나님이 세계를 창조하기 전에 아무것도 없었지만, 단 7일 만에 세계가 존재하게 된 것처럼. 하나님의 형상을 한 백인은 이제 그 황무지 위의 어떤 것이든 취해서 무엇이든 지어낼 수 있게 되었다. 그렇게 그들이 자연이라 여긴 것들은 "비활성의 자원 저장고"(아미타브 고시 2022, 55)로서 착취당했다. 하지만 테란들은 그 '황무지'에서 모든 것의 존재를 봤다.

이런 북반구의 세계관을 반영하면서 오랜 시간 사랑받아온 장르는 서부극과 액션 어드벤처물이다. 그리고 최근에는 자유주의적 페미니즘의 상상력을 펼치고 있는 디즈니 작품들에서도 이런 황무지를 개간하고 신세계를 탐험하는 어드벤처의 상상력을 신나게 전시한다. 내가 사랑해 마지않았던 '말레피센트(Maleficent)' 시리즈와 '겨울왕국(Frozen)' 시리즈가 (뜨끔하게도) 그런 작품들이다. 이 시리즈들에선 뛰어난 여성 캐릭터들이 자연을 길들여 문명 안으로 포섭하는 과정이 중요한 테마로 다루어지는데, 이는 정복의 서사, 전쟁의 스펙터클, 그리고 안전을 상품으로 만드는 안보의 감각을 매혹의 요소(attraction)로 깔고 있기에 필연적으로 군사주의적 상상력과도 맞물린다. 그런 의미에서 이 시리즈들은 비슷한 시기 부상했던 〈매드맥스: 분노의 도로(Mad Max: Fury Road)〉나 〈터미네이터: 다크 페이트(Terminator: Dark Fate)〉 등 군인-여성 영웅 서사와도 궤를 함께한다.

페미니스트들에게도 '자연'은 언제나 의심스러운 개념이었다. 에코페미니스트로서 사회주의 페미니즘의 방법론으로 문명사를 분석해온 마리아 미즈(Maria Mies)는 그의 역작 『가부장제와 자본주의(Patriarchy and Accumulation on a World Scale)』에서 자연이라는 개념이 "사회적 불평등이나 착취적인 관계들을 타고난 것, 혹은 사회적 변화의 영역을 벗어난 것이라고 설명할 때 너무 자주 사용"되는 오염된 표현이라고 지적하고, "이 용어가 사회에서 여성의 지위를 설명하는 데 이용될 때 특히 의심해야 한다"라고 강조한다. 그리고 이렇게 오염된 자연이란 개념은 "지배와 착취, (남성) 인류의 (여성) 자연에 대한 지배 관계"를 신비화해서 탈역사적인 운명으로 만든다고 설명했다.(120-121) 여성이 임신과 출산을 거부하는 건 자연을 거스르는 일이라거나 남성의 성욕은 본능이라서 타인을 착취해서라도 해소되어야 한다고 말할 때, 우리는 이 '자연'이 어떤 이데올로기를 숨기고 있는지 이해할 수 있다.

이렇게 이데올로기적으로 구성된 자연이라는 개념은 원시시대부터 '사냥꾼인 남성'이 문명의 증거인 도구를 만들고 사용하면서 여자와 아이들을 먹여 살려왔다는 인류학적 왜곡, 즉 미즈가 말하는 '남성-사냥꾼 모델'에 의해 강화되었는데, 실제로 원시시대 가족을 먹여 살린 건 팔할이 여성들의 채집 활동이었다.(147) 그리고 여성들 역시 채집을 위한 도구를 만들었지만, 남성중심적인 세계관을 바탕으로 쓰인 역사 서술에서 여성들의 도구는 도구로 여겨지지 않았고 사냥의 도구, 즉 무기만이 진정한 인간의 도구로 여겨졌다

실패할 가능성이 컸던 남성의 사냥보다는 여성의 채

집이 일상을 유지하는 생산노동이었고 "여성의 기술이 말 그대로 진정한 의미에서 계속 생산적이었다"(153)는 점은 주목할 필요가 있다. 일부 문명권에서 사냥의 기술을 갖춘 이들이 생산성 있는 '여성 노예'를 갈취하기 위해 무기를 사용하기 시작하면서 여성과 동물, 자연에 대한 지배와 착취 관계가 수립되기 시작하고, 이것이 전통적인 가부장제의 출현으로 이어졌을 것으로 추정되기 때문이다. 가부장제라는 특정한 성적 시스템은 살상 무기와 조직된 남성 연대의 힘에서 사회 지배의 효용성을 찾는 군사주의의 원시적인 형태와 역사를 함께했던 셈이고, 그 안에서 여성은 언제나 자연과 동물의 자리에 놓였다. 마찬가지로 자연과 동물은 쉽게 여성화되었고 말이다. 에코페미니스트들은 '여우 같은 마누라'나 '처녀지'와 같은 수사에서 가부장제가 여성과 자연을 한 자리에 놓는 증거들을 발견하곤 한다. 가부장제를 거대한 판으로 깔고 있는 문화권에서 자연-여성-타자에 대한 정복을 문명의 중핵으로 여기고, 그런 정복술의 발달을 '역사의 진보'로 파악하는 건 이와 무관하지 않을 것이다.

물론 무기를 잘 다루는 여자들이 있었고, 채집보다 사냥을 즐기는 여자 역시 있었을 것이다. 특정 문화권에 따라 무기 사용이 전혀 성별화되어 있지 않았을 수도 있다. 무기 옆에서 발견된 유골이 여성 전사의 뼈라는 사실이 드러나기도 한다.[*] 그러나 인류 문명사의 흐름 안에서 무기와 전쟁의 역사가 점차 폭력과 침탈, 그리고 살상의 역사로 진화해왔음을 부정하기는 어렵고, 그 안에서 여성과 자연이 가장 큰 희생양이 되었던 것 역시 외면하기 어렵다. 그럴 때, 우리 시대 대표적인 대중 여성 서사가 문명과 자연 사이의 경계를 상상하여 자연을 대상화하고, 그 대상화된 자연을 길들이는 여성 영웅과 함께 완성된다는 걸 어떻게 이해해야 할까? 반전 평화의 관점에서 군사화된 여성 서사들에 대한 페미니스트 비평을 시도해볼 수 있을까?

---

[*]   2019년 과학자들은 노르웨이 솔뢰르(Solør)에 위치한 바이킹 무덤에서 발견된 1000년 전 유골의 주인이 '여성 전사'일 수 있다고 밝혔다. '붉은 전사 에리카(Erika the Red)'는 화살, 칼, 도끼 등 다양한 무기와 함께 발견되었지만 여자라는 이유로 그 무기들의 주인이 아닐 것이라고 여겨졌다. 하지만 최첨단 얼굴 인식 기술을 통해 그의 얼굴을 복원하면서 이마에서 칼에 찔린 이후 치료된 상처를 발견했고, 여러 정황상 그가 무기의 주인인 여성 전사일 수 있다는 주장이 제기되었다. 이 프로젝트에는 1세기 전 스웨덴에서 발견된 남성으로 추정되던 유골 역시 포함되었는데, 과학적 추적을 통해 이 역시 여성이었음이 밝혀졌다.("Meet Erika the Red: Viking women were warriors too, say scientists", *Guardian*, 11/02/2019) https://www.theguardian.com/uk-news/2019/nov/02/viking-woman-warrior-face-reconstruction-national-geographic-documentary(최종 검색일: 2023년 10월 24일)

군사주의, 그리고 페미니즘

가부장제와 군사주의가 만난 자리에서 제국주의가 부상하고, 제국주의를 통해 자본주의는 그 영향력을 세계화할 수 있었다. 그래서 신시아 인로(Synthia Enloe, 2015)가 설명하는 것처럼 세계화와 군사화는 긴밀하게 맞물려 작동한다. 하지만 어떤 페미니스트는 이런 군사주의를 비판하기보다는 군사주의의 적극적인 행위자가 됨으로써 가부장제를 극복할 수 있다고 주장한다. 그리고 2010년대 이후 파퓰러 페미니즘을 견인했던 할리우드산(産) 각종 여성 영웅의 형상과 그를 둘러싼 페미니즘 담론 역시 이런 함정에 빠졌다. 퓨리오사, 원더우먼, 캡틴 마블, 대니·그레이스…. 이들은 우리가 여성을 '제2의 성'이 아닌 '보편 인간'으로 상상하는 데 적지 않은 영향을 미쳤다. 이들은 각자의 매력을 가졌고, 꽤 근사하다. 하지만 질문은 계속 자라난다. 어째서 여성 영웅을 상상하는 방식, 그리하여 보편 인간을 상상하는 방식이 이토록 군사화되어 있을까.

미국 파퓰러 페미니즘의 분수령이 되었던 2014년을 전후하여 할리우드는 빠르게 페미니즘을 흡수해서 '하늘 아래 더 이상 새로운 이야기가 없는 시대'에 페미니즘 패치를 일종의 치트키로 사용하기 시작했다. 젠더벤딩(gender bending: 기존의 성역할이나 전형적인 외모를 의도적으로 뒤집거나, 뒤섞거나, 혹은 드러내지 않는 것)이나 미러링(mirroring) 등을 신선함의 전략으로 삼은 것이다. 그렇게 등장한 작품이 국내에서도 "페미니즘 영화냐 아니냐"를 둘러싸고 뜨거운 논쟁을 불러온 〈매드맥스: 분노의 도로〉(조지 밀러, 2015)였다. 페미니즘에 호의적이지 않은 이들은 이 영화가 "여성 혁명이 아닌 보편 혁명을 그린다"고 주장했다. (여성 혁명과 보편 혁명은 도대체 어떻게 구분될까?) 이보다 더 흥미로운 해석은 페미니스트들 사이에서 나왔다. 퓨리오사(샬리즈 세런 분)의 신체성과 군인 정체성이 그를 '유사 남성'으로 만들며, 따라서 영화가 페미니스트 텍스트가 되기에 부족하다는 목소리가 등장한 것이다.

이런 논쟁에서 정답을 정하기란 늘 어려운 일이지만, 상식적인 차원에서 〈분노의 도로〉는 충분히 페미니스트 비전을 가진 작품으로 해석될 수 있다. 일단, 건장한 신체와 무기를 다룰 줄 아는 능력, 그리고 친절하지 않은 태도를 '유사 남성'으로 칭한다는 것은 '역사적 남성성"*을 의학적으로 남성으로 식별된 이들만의 자질로 환원시키는 본질주의에서 벗어나지 못한다. 이런 식이라면 사회가 규정한 여성성, 즉 '역사적 여성성'에 들어맞지 않는 여성은 언제나 둘 중 하나에 머물 수밖에 없다. '유사 남성'이거나 '비(非)남성'이거나. 따라서 퓨리오사를 유사 남성이라고 폄하하는 데는 동의하기가 어려웠다. 그러나 더 중요한 것은 퓨리오사의 근본적인 혁명의 수단이 전쟁이라기보다는 그린랜드의 어머니들이 보존하고 있던 '씨앗'으로 그려진다는 점이다. 심고 기르고 먹이는 능력을 길러왔으되 언제든지 싸움의 기술을 연마할 수 있는 존재로서, 그렇게 평화를 위해서는 갈등을 불사하는 자들로서 그린랜드의 어머니들은 이분법에 사로잡혀 있는 남성성과 여성성의 신화를 넘어선다. 그들의 후예인 퓨리오사 역시 좀 더 넓은 젠더 스펙트럼을 실천한다. 가부장제 사회에서 영웅의 형상은 이미 젠더화되어 있고, 따라서 여성 역시 영웅이 되기 위해서는 총을

---

* "짧은 머리, 근육질, 뛰어난 신체적 능력, 바지" 등이 남성다움의 스테레오타입이자 남성성의 모델로 여겨지는 것은 문화적인 문제이며, 인간의 특정한 역사 속에서 그렇게 여겨졌다는 의미에서 이 젠더 스테레오타입을 '역사적 남성성'이라 칭하고자 한다. 반면 "꾸밈, 긴 머리, 섬세함, 치마" 등은 마찬가지의 이유에서 '역사적 여성성'으로 칭했다.

쏘고 트럭을 몰고 폭탄을 터트려야 한다. 퓨리오사는 이처럼 젠더화된 영웅의 형상과 타협하고 교란하면서, 영웅의 경계를 다소간 오염시킨다.

퓨리오사는 DC의 〈원더우먼(Wonder Woman)〉(패티 젠킨스, 2017), 마블의 〈캡틴 마블(Captain Marvel)〉(애나 보든, 2019), 그리고 폭스의 〈터미네이터: 다크 페이트〉(팀 밀러, 2019)로 계속 이어지고 있다. 하지만 영화의 끝에 총 대신 씨앗을 쥔 퓨리오사와 달리 원더우먼이나 캡틴 마블, 대니·사라·그레이스 중 아무도 군대로부터 탈주하지 않는다. 무엇보다 '인간으로서의 여성'이 군인의 형상으로 탐구되면서, 인간 젠더의 설정값이 '역사적 남성성'에 맞춰지는 것 역시 전혀 도전받지 않는다. 그렇기에 이들에 대한 열광은 '역사적 여성성'에 대한 혐오와 연결되는 것처럼 보이기도 한다. 이런 군사화된 상상력 속에서 오히려 〈다크 페이트〉에서 아널드 슈워제네거가 연기한 '터미네이터'만이 군사주의로부터의 탈주를 '해방'이라고 말한다. 〈코만도(Commando)〉(마크 L. 레스터, 1985)로부터 터미네이터 시리즈(1984-2019)에 이르기까지, 그야말로 할리우드 군인의 교본이자 더 솔저(THE SOLDIER)였던 그가 탈군사주의를 말하는 건 마찬가지로 흥미롭다.

헤게모니적 남성성*의 한 축을 담당하는 아이콘으로 보편의 트랙에 안착했던 자만이 그 보편으로부터 안전하게 탈주할 수 있다는 사실을 상징적으로 보여주기 때문이다. 이런 군인들의 이야기 속에서 여전히 '역사적 남성성'만이 보편의 자리를 견고하게 차지하고 있다.

물론 여성 영웅 서사가 군사화되는 데에는 역사적 배경이 있다. 〈다크 페이트〉가 그 맥락을 잘 보여준다. '터미네이터' 시리즈의 시작이었던 1984년 작 〈터미네이터〉(제임스 캐머런)에서 사라 코너(린다 해밀턴 분)는 인류를 구원할 존 코너를 낳을 운명이었기에 미래 로봇 터미네이터의 표적이 된다. 그로부터 35년 후, 끈질기게 살아남은 사라는 〈다크 페이트〉에 이르러 인간을 위협하는 터미네이터를 제거하는 전사로 거듭난다. 로봇을 사

---

* 남성성 연구의 선구적인 작업인 『남성성/들(Masculinities)』에서 R.W. 코넬(Raewyn Connell)은 남성이 확정된 생물학적 특성이 아니라 "젠더 관계 속의 장소이자, 그 장소에서 남녀가 관여하는 실천이고, 그런 실천이 육체적 경험, 인격, 문화에서 만들어내는 효과"(116)라고 주장하고, 이런 젠더 실천은 다양하고 다양한 젠더 실천의 배치 안에서 의미가 만들어진다고 설명한다. 따라서 남성성은 단수가 아닌 복수인 '남성성들(masculinities)'로 규정되어야 한다. 그에 따르면 남성성들 안에는 지배할 뿐만 아니라 지배적인 남성성인 헤게모니 남성성, '정상성'으로부터 배제되면서 헤게모니 남성성의 외연으로 존재하는 종속적 남성성, 헤게모니 남성성에게 공모함으로써 낙수효과를 누리는 공모적 남성성, 그리고 사회에서 완전히 주변화되어버린 (예컨대 백인 중심 사회에서 배제되는 흑인 남성들처럼) 주변화된 남성성 등이 존재한다.(R.W. 코넬, 『남성성/들』, 안상욱·현민 옮김, 이매진, 2013)

냥하던 중 그는 '가임기' 여성 대니(나탈리아 레예스 분)가 터미네이터 Rev-9에게 쫓기는 걸 알고, 미래에서 온 군인 그레이스와 함께 대니를 지키기 위해 나선다. 사라는 Rev-9가 (자신이 경험했던 것과 마찬가지로) 대니의 "자궁"을 쫓는다고 판단하고, "나도 대니와 같은 상황에 놓여봐서 아는데, 그건 엿 같은 일"이라고 말한다. 이는 지금까지 이 세계에서 여성이 어떻게 '인간'이 아니라 '인간(아들)을 낳는 자궁'으로만 여겨졌는지에 대한 비평이자, '터미네이터' 시리즈의 구태의연함에 대한 자조적 코멘트다.

영화는 이에 더해 여성은 그저 어머니의 자리에 머무는 것이 아니라 세계를 위해 기꺼이 총을 드는 전사일 수 있다고 강변한다. 반군의 지도자는 *대니의 아들*이 아니라 *대니 자신*이었던 것이다. 오직 남성뿐이었던 영웅의 얼굴을 여성의 얼굴로 반전시키는 것. 그것이 스크린의 남성중심성을 비판하고 여성이 '영화적 시민권'을 얻는 방법의 하나임을 부정하긴 어렵다. 그러나 "평화란 상대보다 더 큰 막대기(무기)를 가지는 것"(토니 스타크/아이언맨)이라는 믿음을 뒤집지 못한다면, 여성 영웅 역시 군사주의의 매트릭스에서 벗어나기 어렵다. 군사주의의 매트릭스 속에서 여성에게는 두 개의 선택지만 남는다. 군인을 낳고 키움으로써 군역의 의무를 다하거나, 스스로 군인이 되어 군역의 의무를 다하거나.

인류학자 엄기호는 온라인 여성 혐오 비평인 「신자유주의 이후, 새로운 남성성의 가능성/불가능성」(2011)에서 임노동을 중심으로 하지 않는 시민권을 상상하는 것으로부터 여성 혐오를 해소할 수 있는 실마리를 찾을 수 있다고 제안한다. 이는 자유시장(자유)과 대의제 민주주의(평등), 그리고 이 두 개를 연결하는 남성 중심 민족(우애)이 보로메오의 매듭으로 얽히며 등장한 근대국가 시스템* 외부를 상상할 때라야 가능한 기획이다. 그런데 근대국가는 기본적으로 국가 간 전쟁이라는 군사주의의 거대한 틀 안에서 짜였다. 이때 남성 시민들 간의 배타적인 '우애'에 기반한 내셔널리즘은 지속적인 전쟁을 통해서 형성, 강화된다. 페미니스트가 여성의 시민됨을 주장할 때 "여자도 군대 가라"는 말이 즉각적으로 튀어나오는 건 현재의 시민권 자체가 군 복무를 근간으로 구성되었기 때문이다. 군역에 대한 논의를 "권리와 의무, 그리

---

* 가라타니 고진, 『네이션과 미학』, 조영일 옮김, 도서출판b, 2009, 13-29쪽.

고 자격"이라는 테두리 너머로 가져간다는 것은 어떤 형태로든 근대국가 시스템 외부를 상상해야 한다는 의미일 터다. 우리에게 지금 필요한 건 시스템 외부를 사유하는 "능력과 배짱"(김엘리), 그리고 새로운 상상력이다.

〈말레피센트〉, 당신이 알던 것과 다른 이야기

2020년대에 온라인을 가장 시끄럽게 만드는 주제 중 하나는 역시 피시(Political Correctness)주의일 것이다. 디즈니는 그 한가운데 있는 스튜디오다. 소위 피시주의라고 불리는 디즈니의 행보는 다양성과 포용성에 대한 고려를 통해 자신의 콘텐츠를 확장하고 관객층을 다양하게 하려는 촉 좋은 기업으로서의 선택이기도 했다. 이미 고전이 된 애니메이션 작품들을 실사화하면서 소위 페미니스트 패치를 붙이는 것은 익숙한 걸 보고 싶어 하면서도 똑같은 걸 원하지는 않는 새로운 관객들의 요구를 충족하기 위한, 일종의 운용(運用)의 묘 같은 것이다. 이런 실사화 전략이 성공적일 수 있다는 걸 보여준 대표적인 작품은 역시 애니메이션 〈잠자는 숲속의 공주(Sleeping Beauty)〉

(클라이드 제로니모 외, 1959)를 실사로 옮긴 〈말레피센트〉
(로버트 스트롬버그, 2014)였다. 이 작품은 그간 '잠자는 숲
속의 미녀'로 불렸던 오로라 본인의 내레이션으로 시작
한다.

이제부터 이야기를 시작할게요. 당신이 알고 있던 그 이야
기인지 한번 들어보세요. 옛날옛적에 두 개의 왕국이 있었
어요.

원작 동화와 디즈니 애니메이션에서 왕자의 '진실한
사랑의 키스'를 받기 전까지 잠들어 있던 금발 미녀는 스
스로 역사를 구술하는 자로 거듭났다. '말레피센트' 시리
즈는 '페미니스트 역사 다시 쓰기'의 콘셉트를 활용하면
서 마녀로 낙인찍혔던 캐릭터의 행동에 이유를 부여하
고, 그렇게 확장된 이야기만큼이나 캐릭터의 운신의 폭
을 넓힌다. 이는 〈겨울왕국〉(크리스 벅, 2013) 역시 마찬가
지였다. 『잠자는 숲속의 미녀』의 '마녀'와 『눈의 여왕』의
'눈의 여왕'은 복잡한 내면과 역사를 가진 '말레피센트'
와 '엘사'로 재탄생했다.

오로라가 들려주는 이야기는 원작자 샤를 페로

(Charles Perrault)나 이를 미국화한 월트 디즈니의 판본과
는 완전히 다르다. 인간 세계의 질서와 안전을 위협하는
마녀로만 알려졌던 말레피센트(앤젤리나 졸리 분)는 자연
과 정령의 땅인 무어스 왕국의 수호 요정이다. 그 바로
옆에 인간의 왕국이 무어스 숲과 경계를 마주한다. 인간
왕 헨리는 호시탐탐 숲의 풍요를 노리고 결국 전쟁을 개
시한다. 하지만 기마병과 보병으로만 이뤄진 왕의 군대
가 무엇보다 강한 날개를 달고 하늘을 나는 공군 그 자체
인 말레피센트가 지휘하는 숲의 군대를 꺾을 리 만무하
다. 평화로울 때는 대지의 여신의 면모이자 여성성의 상
징이었던 날개가 전시(戰時)에는 가장 강력한 무기가 된
다. (그러므로 화려하게 하늘을 가로지르는 말레피센트를 볼
때 이크란을 탄 토루크 막토가 떠오르는 건 우연이 아니다.) 이
에 헨리는 말레피센트를 꺾는 자에게 왕좌와 딸을 함께
'주겠다'고 선언한다.

　　결국 인간=남자(man) 스테판(샬토 코플리 분)이 말레
피센트를 거짓 사랑으로 유혹하고 날개를 잘라버린다.
그리고 왕의 딸과 결혼해 왕위를 계승한다. 스테판의 딸
이 바로 오로라(엘 패닝 분)다. 오로라가 세례를 받던 날,
검은 마녀로 흑화한 말레피센트는 배신자 앞에 나타나

오로라에게 저주를 선물한다. "열여섯이 되는 날, 물레 바늘에 찔려 죽음과도 같은 잠에 빠지리라. 오직 진정한 사랑의 키스만이 그녀를 깨울 수 있을 것이다." 스테판은 왕국의 모든 물레를 불태우고 딸 오로라를 숲속 깊이 숨긴다. 이타심이라고는 눈곱만큼도 없는 시슬트윗, 나트그라스, 플리틀 세 요정에게 육아를 맡기면서 말이다.

세 요정의 무지와 무관심으로 아기 오로라가 위기에 처하자 말레피센트의 의도하지 않은 육아가 시작된다. 저주가 실행되기 전에 오로라가 죽으면 곤란하기에, 말레피센트는 오로라를 먹이고, 재우고, 돌본다. 그리고 둘 사이에는 인간 문명의 언어로는 충분히 설명할 수 없는 유대감이 쌓인다. 시간이 흘러 나이 열여섯이 되던 날, 저주는 실현되고 오로라는 깊은 잠에 빠져든다. 비통에 빠진 말레피센트는 그날 우연히 오로라와 마주친 왕자 필립을 데려다 억지로 키스를 시켜보지만 오로라는 깨어나지 않는다. 그는 결국 후회와 사죄의 눈물을 흘리며 오로라의 이마에 입을 맞춘다. 기적처럼, 오로라는 눈을 뜬다.

〈말레피센트〉는 지금까지 디즈니가 선보였던 "진정한 사랑의 키스"를 재해석하면서 여성 연대의 상상력을 펼쳐놓는다. 이런 재해석은 〈겨울왕국〉 역시 선보인 것이다. 엘사의 얼음이 안나의 심장에 박혔을 때, 저주를 풀었던 것은 안나의 남자들인 한스나 크리스토프의 키스가 아니라 엘사를 위해서라면 목숨도 기꺼이 내놓을 준비가 된 안나 자신의 마음이었다. 〈말레피센트〉에서는 '대안적 모성'이, 〈겨울왕국〉에서는 '자매애'가 가부장제의 오래된 여성 혐오적 편견인 '여적여(女敵女)'의 프레임을 깨고 여성 연대의 상징으로 등장한다.*

영화의 끝, '인간적 (혹은 남성적) 탐욕'의 화신이었던 스테판과 그의 군대를 처단한 말레피센트는 그동안 갈라진 인간 세계와 정령의 세계, "두 왕국(two kingdoms)"의 통합을 선언한다. 그리고 통일 왕국의 왕좌에 오로라를 앉힌다. 인간 왕국의 왕족인 오로라가 자연과 정령의 땅인 무어스를 통치할 정통성은 어디에도 존재하지 않는

---

* 이런 '키스의 재해석'을 처음 선보였던 것은 신자유주의 페미니즘을 그대로 스크린으로 옮겨오면서 크게 히트했던 〈마법에 걸린 사랑(Enchanted)〉(케빈 리마, 2007)이다. 동화의 세계에서 인간 세계로 떨어진 지젤(에이미 애덤스 분)은 마찬가지로 동화의 세계에서 온 에드워드 왕자(제임스 마스던 분)가 진정한 사랑이라고 생각하고 그에게 키스를 받지만 마법은 풀리지 않는다. 대신 인간계에서 만난 로버트(패트릭 뎀시 분)에게 키스를 받으면서 그가 진정한 사랑이라는 사실이 밝혀진다. 〈말레피센트〉에서 선보인 이런 여성들끼리의 친밀함은 대안적 모성의 가능성으로 해석되기도 했지만, 레즈비언 섹슈얼리티의 재현으로 받아들여지기도 했다.

다. 그렇기에 1편에서 확정된 무어스의 국경은 〈말레피센트 2〉(요아킴 뢴닝, 2019)에서 다시 한번 침탈 위기에 처한다. 1편 끝에 잠시 등장했던 왕자 필립과의 결혼이라는 아주 '인간적'인, 그러니까 인간 문명에서나 통용되는 통과의례를 수행하려는 와중에 '인간 왕국'이 무어스를 침략할 결정적인 빌미를 제공하기 때문이다. 그렇게 정령의 세계와 인간의 세계는 또다시 대전쟁을 벌인다. 결국 오로라와 필립이 역경을 딛고 결혼에 '골인'하면서 두 왕국 사이에는 평화협정이 맺어진다. 완벽한 정략결혼을 꿈꾸는 왕-아버지에게 "정치적인 이유 때문이 아니라 사랑하기 때문에 오로라와 결혼한다"며 저항하던 왕자-필립의 외침이 어쩐지 공허하다. 〈말레피센트 2〉는 자연을 외교정치의 장 안에서 교섭과 통치의 대상으로 바라본다.

〈겨울왕국 2〉의 '미지의 세계' 길들이기

정령이 지배하는 자연의 세계와 인간이 지배하는 문명의

세계를 영토적 경계로 구분하는 이분법적 세계관은 〈겨울왕국 2〉(크리스 벅·제니퍼 리, 2019)에서도 똬리를 틀고 있다.

애니메이션은 평화로운 아렌델에서 시작된다. 〈겨울왕국 1〉에서 성공적으로 여왕의 자리에 오른 엘사는 이제 선군(善君)이 되어 아렌델을 통치하고 있다. 어느 날 엘사를 부르는 미지의 목소리(voice from the unknown)가 들려오고, 갑자기 아렌델에서 물과 불이 사라진다. 트롤로부터 이 모든 사건이 과거의 잘못 때문이라는 말을 들은 엘사와 안나는 역사를 바로잡기 위해 마법의 숲, 노설드라로 떠난다. 이것이 그야말로 '숨겨진 세상으로(Into the Unknown)'의 여정이다. 우여곡절 끝에 모든 기억이 고여 있는 정령의 강 아토할란에 도착한 엘사는 그곳에서 문명의 왕국인 아렌델이 정령의 땅인 노설드라의 부족을 지배하기 위한 계략으로 물을 다스릴 수 있는 거대한 댐을 선물했고, 일이 뜻대로 진행되지 않자 노설드라 부족을 학살하려 했다는 사실을 알게 된다. 노설드라에 머무는 물/불/바람/대지의 정령은 인간 문명의 잔혹함에 상처 입고 숲을 닫아 스스로 유폐했다. 그리고 시간이 흘러 이 잘못된 역사를 바로잡기 위해서 엘사에게 말을 걸고 아렌델에서 철수했던 것이다.

비밀을 안 엘사는 아토할란의 심연에서 얼어붙고, 이제 인간의 역사를 바로잡는 과업은 안나에게 넘겨진다. 안나는 "해야만 하는 일(the next right thing)"을 하기로 마음먹고 아렌델의 안전을 걸고 노설드라의 댐을 터트린다. 정령들이 이런 안나의 마음을 갸륵하게 여겨 아렌델을 구원해주기로 하면서, 노설드라와 아렌델에 다시 평화가 찾아온다. 그리고 엘사가 자연의 세계와 인간의 세계를 잇는 '다섯 번째 정령'이라는 사실이 밝혀진다. 엘사는 인간의 왕국=아렌델의 통치를 안나에게 맡기고 (안나는 그렇게 "해야만 하는 일"을 완수한 트로피로 왕국을 얻고) 스스로 정령 세계의 보호자(혹은 통치자)가 된다.

페미니즘은 근대적 휴머니즘이 상상하는 '인간의 얼굴'에서 배제된 여성들의 얼굴을 포함하기 위해서 노력해왔다. "페미니즘은 여자도 사람이라는 급진적인 개념"이라는 말은 이런 역사로부터 등장했다.* 그리고 여전히 소녀도 '백마 탄 왕자를 기다리는 공주'가 아닌 '위대한

---

* 리베카 솔닛(Rebecca Solnit)이 자신의 책에서 작가 마리 시어(Marie Shear)의 말을 인용한 것이다.(리베카 솔닛, 『남자들은 자꾸 나를 가르치려 든다』, 김명남 옮김, 창비, 2015, 225쪽)

지도자-여왕'이 될 수 있다는 당연한 이야기는 실천하기 어려운 상상력이다. 그러므로 시장 페미니즘(marketplace feminism)(자이슬러, 2018)의 흐름을 선도하는 디즈니에서 이런 자유주의적 휴머니즘을 주요 관심사이자 주제로 다루는 것은 특별히 이상한 일이 아니며, 디즈니 페미니즘이 여는 새로운 여성 서사의 가치는 쉽게 폄하할 수 없다. 하지만 그런 도전과 성취의 이야기들이 마치 매직아이처럼 흙과 물과 눈 속에 파묻힌 영토의 경계를 드러내고 그것을 선명하게 긋는 것은 대중문화의 상상력에 뿌리내린 군사주의적 세계관과 그에 기대는 국경의 감각 때문이다. 이 문제는 '겨울왕국' 시리즈 1편과 2편에서 엘사-안나 자매의 부모가 차지하는 서사적 위상의 변화에서 좀 더 선명하게 드러난다.

1편에서 엘사의 부모는 여자아이의 무한한 가능성을 가두어 단속하는 가부장제의 벽장을 상징했다. 부모가 사나운 파도 속으로 사라지고 나서야 비로소 엘사가 자신의 자질을 발견하고 힘을 통제하는 법을 배울 수 있었던 건 그 때문이다. 그런 의미에서 〈겨울왕국 1〉은 가부장제 전통에 저항하여 "나 자신"이 되어가는 소녀의 성장 서사로 읽힐 수 있었으며, 다른 한편으로는 '나다움'을 추구하는 퀴어의 커밍아웃 스토리로 해석되기도 했다. 하지만 2편에서 부모는 갑자기 엘사의 든든한 조력자로 변신한다. 그리고 문명 세계 아렌델의 아들인 아버지와 자연 세계 노설드라의 딸인 어머니의 결합이 강조된다. 두 세계가 만난 결과가 엘사와 안나의 탄생이기 때문에, 이 왕족 자매는 인간 왕국과 정령 왕국을 분할 통치하는 정통성을 얻는다.

〈겨울왕국 2〉에서 안나의 도전이 남겨진 역사적 과업의 달성이었다면 엘사의 도전은 물과 불, 바람과 땅의 정령, 그러니까 '미지의 세계(the unknown)'를 길들이는 것이다. 이는 엘사가 노설드라의 여왕이 되고 안나가 아렌델의 여왕이 되려면 거쳐야 할 필수적인 과정이다. 이 작품에서 가장 인상 깊은 장면 중 하나는 엘사가 아토할란으로 가기 위해 험난한 파도를 뛰어넘는 시퀀스다. 엘사는 활동성을 강조하는 레깅스를 입고, 머리를 질끈 묶은 채로, 포기하지 않고 도전한다. 파도에 휩쓸려도 다시 뛰고, 또 파도에 휩쓸려도 다시 뛴다. 그리고 결국은 말의 모습을 한 물의 정령을 길들이는 데 성공한다. 성난 파도와 함께 날뛰던 말이 유순해지는 순간, 엘사는 그 위에 올라타 아토할란으로 '입성(入城)'한다. 영화의 클라이맥스에서도 물의 정령-말을 타고 엘사는 아렌델을 대홍수로부터 구한다. 문명은 자연을 존중의 대상이 아닌 지배의 대상으로 삼으면서 발전해왔고, 그 정점에서 근대 국민국가의 경계가 형성된다.*

왕좌에 오른 안나가 아렌델의 광장에 세운 부모의 동상은, 건국 신화의 발견과 함께 등장하는 근대 국민국가의 원초적 풍경이다. 동상이 세워지면서 노설드라의 딸이었던 어머니는 완전히 아렌델의 문명 속으로 포섭된다. 그리하여 가부장제의 벽을 넘어선 여성 영웅의 이야기가 '여왕'이라는 이름과 함께 국민국가의 영토를 확정하는 절대군주의 이야기로 이어진다. 이 신화가 여왕 안나의 이성애 결혼으로 완성되는 건 그야말로 실망스러운 농담이지 않은가.

---

*   이는 근대 국민국가 형성기의 동물원의 문화정치를 떠오르게 한다. 키스 토머스(Keith Thomas)는 "런던탑 안에 있던 왕립 미네저리(Menagerie)는 자연 세계에 대한 인간의 승리를 상징했다"며 "동물원은 부와 지위뿐만 아니라 식민지 정복에 대한 상징도 되었다"고 강조했다. 마찬가지로 존 버거(John Berger)는 "19세기에는 공공 동물원이 현대 식민지 지배력을 증명하는 역할을 했다. 보기 힘든 동물을 잡아 온다는 것은 머나먼 이국땅을 모두 정복할 수 있다는 사실을 상징적으로 나타내는 것이었다. '탐험가들'은 고국에 호랑이나 코끼리를 보냄으로써 자신들의 애국심을 증명했다. 대도시 동물원에 진기한 동물을 기증하는 것은 비굴한 외교 관계의 증거이기도 했다"고 지적했다.(니겔 로스펠스, 『동물원의 탄생』, 이한중 옮김, 지호, 2003, 45쪽)

자연의 심장을
공유하고 있다는 깨달음

하지만 이게 다는 아니다. 여기 또 하나의 이야기가 있다. 자연과 문명의 갈등을 그리며, 모험을 끝낸 '부족장의 딸'이 선군으로 성장한다는 점에서 '말레피센트'나 '겨울왕국'과 아주 유사한 이야기. 바로 〈모아나(Moana)〉(론 클레먼츠, 2016)다. 그런데 모아나의 세계는 오로라와 엘사, 그리고 안나의 세계와는 조금 다르다.

이야기는 천 년 전으로 거슬러 올라간다. 반인반신의 영웅 마우이는 대자연의 어머니 테피티의 심장을 훔친다. 테피티는 흑화하고, 인간들에게 풍요를 선사했던 바다와 섬은 서서히 죽어간다. (수라가 떠오른다.) 이를 두고 볼 수 없었던 모아나는 테피티에게 심장을 돌려주기 위한 모험을 시작한다. 〈모아나〉에 등장하는 '전쟁 시퀀스'에 준하는 장면은 심장을 빼앗기고 흑화한 테피티와 모아나의 대결이다. 그런데 이 싸움은 '누군가의 승리'로 귀결되지 않는다. 모아나가 진심 어린 사과와 함께 테피티에게 심장을 돌려주는 것으로 마무리되는 것이다. 영웅 마우이는 제우스에게서 불을 훔친 프로메테우스의 다른 얼굴이며, 자연으로부터 심장을 훔친 다음에야 비로소 탐욕스럽게 확장할 수 있었던 인간 문명에 대한 은유다. 모아나의 진정한 성취란 자연의 미래를 당겨써 문명을 살찌우지 않겠다는 결심 그 자체이고 말이다. 그러므로 모아나에게 주어진 트로피는 영토와 왕관이 아니라 경계가 없는 바다와의 공존이다.

'공주'는 자라서 '여왕'이 된다. 이 두 단어는 이미 성별화된 명칭으로 여성이 '보편 인간'이 되기 위해서 치러야 하는 분투를 내포한다. 디즈니 페미니즘이 '퀸의 형상'에 기대고 그것이 큰 반향을 얻는 건 '여성 서사'가 계속해서 '주류 서사'로부터 배제되어온 역사 때문이다. 하지만 모험을 시작하기 위해서는 '왕의 딸'이어야만 한다는 신(新)신분제적 상상력, 자신의 자격을 증명하기 위해서 전쟁을 치르고, 역사를 바로잡고, 어떻게든 왕좌에 올라야만 한다는 강박, 그리고 나서도 여전히 '퀸-여왕'이라는 이름에서 자유로울 수 없다는 현실, 그리고 이 모든 것이 '인간-남성-문명'과 '정령-여성-자연'의 이분법 안에서 펼쳐진다는 재현상의 한계. 우리가 대결해야 하는 것은 어쩌면 이토록 진부한 관습 아닐까? 자연 착취적이고 여성 배제적이었던 근대적 세계관을 뒤집지 않고서는 해방의 상상력은 피어나지 않으니 말이다.

4장

생기를 지닌 기물(奇物), 오드킨 이야기

"작은 나무 소년이여,

태양과 함께 일어나 땅을 거닐어라."

—숲의 정령, 〈피노키오〉

물질과 비물질의 세계를 구분하고 육체와 정신을 나누며, 그런 비물질적 정신세계와 물질적 육체의 세계 사이에 이분법적인 위계를 긋는 근대적, 이원론적 세계관은 일정 부분 데카르트에게 빚지고 있다. "나는 생각한다, 고로 존재한다"에 등장하는 코기토, 즉 사유하는 주체라는 관념이 이 위계의 단단한 지반이고, 이 위에서 인간은 만물의 영장이자 지배자인 자신의 자격을 스스로 승인했다. 그리고 그로부터 인간은 자율성과 주체성을 지닌 채 의지가 없는 객체에 대한 정보를 수집·파악하고, 그 움직임을 정확하게 계산할 수 있으며, 따라서 뜻대로 다루고 조정할 수 있다는 환상이 융성한다. 이런 이분법 안에서 여성과 동물, 그들과 하나로 묶인 탈역사적 원초성은 '자연'으로서 물질과 객체의 영역에 놓였고, 남성과 '진정한 인간', 그리고 시간 속에 쌓인 그들의 이야기인 역사는 '문명'으로서 비물질과 주체의 영역을 차지했다.

21세기에 들어 우리가 이미 앞에서 살펴본 생태적 위기와 지정학적 불안정 속에서 파국의 지평이 열리기 시작하자 이런 이원론적 주체론을 비판하고 물질에 대해 재사유하려는 급진화된 유물론이 부상하기 시작했다. 이는 특정 인구만을 인간으로 설정하는 근대적 휴머니즘을 비판하고 몸에 대해 다시 생각하고자 하는 페미니즘과 퀴어 이론, 북반구 헤게모니를 비판하는 탈식민주의 연구 등을 통해 급진화됐다. 이 철학적인 작업은 새로운 물리학(양자역학) 및 생물학, 그리고 특이점을 향해 비상하는 각종 테크놀로지와의 상호작용 안에서 더욱 풍부해졌는데, 최근 한국 사회에서 신유물론(new materialism)이라는 이름으로 자주 언급되는 담론의 성좌가 바로 그것이다.*

신유물론의 논의들은 단순하게 정의되고 통합될 수 없는 다양한 결을 가지지만, 대상화되고 소외되어온 물질들을 전경화하고 그에 대한 이해를 재구성함으로써 공

---

* 신유물론을 구성하는 복잡한 이론적 지형과 맥락에 대해서는 다이애나 쿨(Diana Coole)·사만타 프로스트(Samantha Frost)가 엮은 『신유물론 패러다임—존재론, 행위자 그리고 정치학』(박준영·김종갑 옮김, 그린비, 2023)의 서론에서 잘 정리하고 있다.

존의 조건을 설득력 있게 설명할 수 있음을 강조하고 물질적인 것들의 행위자성에 주목한다는 점에서 공통적이다.(다이애나 쿨·사만타 프로스트 2023, 10) 이런 신유물론의 논의들은 "물질은 존재한다기보다는 생성한다"고 주장하는 신생기론(new vitalism)과 만난다. 신유물론자들은 "비유기적 물질 안에서도 창발적·생성적 힘들(또는 행위적 능력들)"을 보며, "유기적인 것과 비유기적인 것 또는 생명적인 것과 비생명적인 것 사이의 구별"(21)을 비켜가고자 한다. 물질을 죽어 있는 것, 기계적으로 작동하는 것, 그리하여 측량하고 계산해서 완전히 파악하고 통제할 수 있는 것으로 여겼던 근대적 인식론을 극복하는 공존의 윤리가 신유물론의 중요한 관심사인 것이다. 그렇다면 왜 그렇게까지 우리가 "물질의 활력을 옹호해야 할까?" 제인 베넷(Jane Bennett)은 이 질문에 대해 "죽어 있거나 철저히 도구화된 물질이라는 이미지가 인간의 자만심과 정복 및 소비 등 지구를 파괴하는 우리의 환상을 키우기 때문"(제인 베넷 2020, 11)이라고 답한다.

신유물론은 어쩐지 낯설고 난해하지만 사실 이미 우리에게 도달해 있는 인식론이기도 하다. 우리가 3장에서 만나본 아미타브 고시의 『육두구의 저주』는 어려운 말하나 없이 서구 제국주의자들이 어떻게 자신들이 발 디딘 적 없는 땅을 함부로 짓밟아도 되는 황무지로 여기면서 물질 속에서 활력을 지워버리고자 했는지, 그 무지와 폭력의 역사를 유려하게 기술하면서 신유물론에 대한 가이드를 제공한다. 고시는 육두구나무를 역사의 행위자로 이해하고, 착취와 살상의 대상이 되어온 물질 안에서 인간이 통제할 수 없는 생기와 에너지를 읽어낸다. 동시에 정치적이고 문화적인 맥락을 소거하지 않음으로써 인간의 일과 물질의 일이 얼마나 복잡하게 얽혀서 이미-함께하는지도 놓치지 않는다.

『육두구의 저주』를 읽어가면서 나는 종종 육두구나무를 다양한 인간의 형상으로 상상해보곤 했다. 특히 육두구나무를 말살하기 위해 고군분투하는 백인 남성들을 피해 계속해서 자신의 영역을 확장해가는 육두구나무의 모습은 필사적이지만 동시에 익살맞은 장난꾸러기의 모습으로 떠올랐다. 이 이미지는 나의 독창적인 상상력이라기보다는 저 유명한 동화, 『피노키오의 모험』으로부터 빌려온 것이다. 이런 이동은 어쩌면 필연적인 결과였을지도 모른다. 다양한 판본을 통해 볼 수 있는 피노키오의 변천사 자체가 물질의 이야기가 펼쳐지는 무대였기 때문이다.

이탈리아 근대국가 형성기에 등장해 엄청난 인기를 누렸던 나무 인형 피노키오는 시대에 따라, 그리고 창작자에 따라 다른 의미를 입으면서 끊임없이 변신해왔다. 그 위에서 물질은 근대적 인식론에 생기를 박탈당했다가 최근의 인식론적 전환 속에서 다시 자신의 모습을 찾아가고 있다. 그리하여 2022년에 이르러 피노키오는 세계에 군림하는 '갓킨(god kin)', 그러니까 아버지로부터 정통성을 이어받아 군주가 되려는 디즈니 공주들과는 사뭇 다른 '오드킨(odd kin)'이 되었다. 우리는 이 기이한 자손의 등장 앞에서 인류세를 경계적 사건으로 만드는 데 필요한 새로운 생기론을 만나게 된다.

콜로디, 디즈니, 델 토로의 〈피노키오〉

"옛날옛적에 나무토막 하나가 있었습니다."

1881년, 이탈리아의 극작가인 카를로 콜로디(Carlo Collodi)는 《소년신문(Giornale per i Bambini)》에 『피노키오

의 모험(Le avventure di Pinocchio)』연재를 시작*하면서 이렇게 썼다. 그야말로 나무토막으로부터 오랜 세월 세계적으로 사랑받아온 꼭두각시 소년 피노키오가 탄생하는 순간이었다. '소년'들을 위한 이 동화는 당대 이탈리아에서 엄청난 인기를 끌었다. 콜로디가 연재를 끝내기 위해 피노키오를 죽였다가 독자들의 성화로 3개월 후 되살려낼 수밖에 없었다는 이야기는 잘 알려져 있다.

그렇게 인기가 있었던 피노키오를 이탈리아 밖으로 꺼내어 전 세계적인 스타로 만든 건 월트 디즈니였다. 그는 1940년에 가족용 장편 애니메이션 〈피노키오〉를 선보이면서 기물(奇物)이었던 피노키오를 고양이와 금붕어를 키우는 먹고살 만한 집의 '사랑스러운 백인 소년'으로 바꾸어놓았다. 그 결과가 우리 머릿속에 뿌리박고 있는 파란 눈의 착하고 순한 피노키오다. "나는 아무것도 몰라요" 하는 표정으로 수줍게 눈을 치켜뜨는 이 귀여운 소년이 할 줄 아는 유일한 나쁜 짓은 거짓말이었다.

하지만 콜로디의 원작 속 인형은 디즈니의 피노키오

---

* 1881년에 창간된《소년신문》의 대상 독자는 6세에서 12세의 어린이였다. 1881년 7월 7일에 발간된 1호에서 콜로디가 "꼭두각시 이야기(La storia di un burattino)"라는 제목으로 연재를 시작했다. 이후 3개월 동안 연재가 중단되었다가 1882년 2월 16일 다시 시작하면서 제목이 "피노키오의 모험"으로 바뀌고, 1883년 1월 완결된다.

와는 사뭇 달랐다. 애초에 저 나무토막부터가 문제였다. 나무토막 자체가 자의식을 가지고 사람의 언어를 사용하는 기이한 존재였던 것이다. 이 별스러운 나무토막은 우연한 기회에 찢어지게 가난한 늙은이 제페토의 손에 들어간다. 마침 제페토는 꼭두각시를 만들어 "빵 한 조각과 포도주 한 잔"이라도 빌어먹으며 세계를 떠돌아다녀야 겠다고 생각하던 참이었다. 제페토의 계급도 콜로디 원작과 디즈니 판본에서 확연히 달랐던 셈이다. 콜로디가 이탈리아 국민국가 형성기의 빈곤을 제페토에 담았다면, 디즈니는 대공황기를 갓 벗어난 시기 미국의 중산층에 대한 이상을 입혔다.

제페토는 그 기이한 나무토막으로 정성스럽게 인형을 깎기 시작한다. 이 과정이 또한 괴이하기 짝이 없다. 처음 눈알이 생겼을 때 피노키오는 제페토를 불쾌하게 째려본다. 입이 생겼을 때는 약을 올리는 듯 혓바닥을 내밀었고, 손이 생기자 제페토의 가발을 벗겨버렸다. 그리고 마침내 다리를 얻자 통제 불능의 존재가 되어 온 동네를 뛰어다니기 시작했다. (이런 피노키오 때문에 제페토는 억울하게 감옥살이도 한다.) 피노키오는 나무토막일 때부터 온갖 험난한 인생 역정을 예고했던 셈이다. 그는 이 세계를 지배하는 문명의 토대가 되었던 ('가오갤' 시리즈에서 에고나 하이 에볼루셔너리의 형상으로 상징되었던) '아버지의 법'으로 길들여지지 않는 존재였다. 그렇게 길고 험난한 피노키오의 모험이 시작된다.

그런데 앞에서도 잠깐 언급했듯이 애초에 콜로디는 피노키오를 오래 살려둘 생각이 없었던 것 같다. 자신의 주인공을 금방 커다란 나무에 매달아 죽여버렸기 때문이다. 이 '아들 살해'는 지금 유통되는 완성본의 3분의 1 즈음에서 벌어지는 일이다. 살려두기엔 너무 위험해서였을까? 아니면 말썽꾸러기에게 '교수형'이라는 엄중한 교훈을 주고 싶어서였을까? 이유야 어떻든 피노키오의 죽음과 함께 연재가 끝나자 팬들이 잡지사에 항의하는 등 난리가 났다. 결국 콜로디는 조그만 나무 인형을 되살려낸다. 어떻게? 애니메이션 판본들에서 제페토가 깎아놓은 생명 없는 나무토막에 생명을 불어넣어 준 푸른 요정이 바로 여기서 등장한다. 우연히 피노키오의 죽음을 목격한 푸른 요정은 측은지심으로 그를 되살린다. 그렇게 연재는 계속되는데, 푸른 요정은 여기서 제페토가 제대로 하지 못했던 '부모'의 역할을 톡톡히 해낸다. 피노키오에게 "진짜 소년", 즉 인간이 되기 위해 갖추어야 할 미덕을 가르치고, 그것을 실천하도록 이끄는 이가 바로 푸른 요정이다. 그는 자애와 인내, 도덕에 대한 이해 등 근대적 인간을 키워내기 위해 근대 여성들이 갖춰야 했던 '훈육하는 어머니'의 덕목을 체현하고 있었다. 그리고 그 근대적 어머니는 피노키오를 길들여 그가 품고 있던 물질의 생기를 제거하고 '훌륭한 소년'으로 다듬는 데 성공한다.

그런 피노키오는 1940년 다시 월트 디즈니의 손을 타고 미국으로 건너가 미국인의 이상을 담은 존재가 되어 전 세계로 퍼져나갔고, 2022년 남반구 출신 감독의 작품 속에서 탈근대적 상상력의 영역으로 나아간다. 바로 "악동"이라 불리는 기예르모 델 토로(Guillermo del Toro)가 〈피노키오(Pinocchio)〉를 스톱 애니메이션으로 재탄생시킨 것이다. 델 토로는 원작이나 디즈니 판본을 그대로 따르지 않았다. (당연한 일이다.) 온갖 불온한 것들을 사랑하는 감독은 자기만의 방식으로 "어떻게 하면 남자아이를 길들일 것인가?"라는 콜로디와 디즈니의 관심사로부터 고개를 돌린다. 그리고 원작의 나무토막이 가지고 있었던 불온한 생기를 꽉 쥔 채 완전히 다른 질문을 던진다. 그건 바로 델 토로 본인이 말했던 것처럼 "어떻게 하면 복종을 찬양하는 대신 불복종을 축하할 것인가"였다.

이 불복종 이야기는 델 토로가 원작과 디즈니 판본에서 무엇을 취하고 무엇을 새롭게 썼는가에서 선명하게 드러난다.

이탈리아의 한 작은 마을. 제페토는 늦둥이 아들 카를로와 사랑으로 충만한 하루하루를 살아가고 있다. 하지만 제1차 세계대전이 불러온 죽음의 그림자가 부자(父子)에게 닥친다. 폭격을 마치고 기지로 돌아가던 전투기가 (그저) 무게를 줄이기 위해 무심히 떨어트린 폭탄 때문에 카를로가 세상을 떠나고 만 것이다.

제페토는 아들을 잃고 20년을 술과 눈물로 흘려보낸다. 그리고 제2차 세계대전의 전운이 감돌던 어느 날 밤, 만취한 상태로 아들을 닮은 나무 인형을 만들다 잠이 든다. 그런 그를 불쌍히 여긴 숲의 정령이 인형에게 생명을 불어넣어 주고 피노키오라 이름한다. 연결된 실도 없이 자율적으로 생각하고 말하고 설칠 수 있는 꼭두각시의 등장에 놀란 마을 사람들은 각자의 방식으로 이 사건을 해석하고 받아들인다. 성당에 있던 중년 여성은 피노키오에게 "악마"라고 외친다. 제페토는 그를 죽은 아들 카를로의 대체물로 바라본다. 마침 마을에 머물던 서커스 단장에게 피노키오는 돈벌이 수단이다. 그리고 마을의 시장이자 광적인 파시스트인 포데스타는 이 어린 소년이 "완벽한 이탈리아 군인"이라 믿는다. 그가 불사의 존재이기 때문이다. 어른들의 기대에 따라 피노키오는 이리저리 떠돌게 된다.

콜로디가 원작에서 나열했던 수많은 모험 장소 중에서 디즈니가 가장 공들여 재현하기로 마음먹은 곳은 '쾌락의 섬'이었다. 장난감과 먹고 마실 거리로 가득 찬 이곳에서 아이들은 시간을 잊고 인생을 즐긴다. 하지만 그결과는 당나귀가 되어 채찍을 맞으며 팔려 나가는 것. 디즈니식 변신 이야기는 '못된 아이'가 어떤 일을 당하는지에 대한 섬뜩한 가르침을 남긴다. 반면 델 토로는 쾌락의섬을 들어내고 그 자리에 제2차 세계대전을 배경으로 소년병 훈련소를 배치했다. 포데스타는 그곳에서 자기 아들 캔들윅과 함께 피노키오를 '위대한 파시스트 군인'으로 양성하고자 한다. 쾌락의 섬이 소년병 훈련소가 되고, 아이들이 나태와 맥주에 빠지는 게 아니라 경쟁과 폭격으로 위험에 내몰리는 자리에서, 델 토로는 자신이 전하고자 하는 메시지를 펼쳐낼 인물을 무대 위에 올리고 스포트라이트를 비춘다. 그건 피노키오가 아니라 피노키오를 만났기 때문에 다른 세상을 꿈꾸게 된 소년 캔들윅이다. 델 토로가 기물뿐만 아니라 평범한 인간에게도 관심을 기울인다는 것은 바로 여기에서 확인된다. 작은 것들, 길 잃은 것들에는 인간 자신도 포함되는 셈이다.

훈련소 에피소드의 클라이맥스. 포데스타는 캔들윅에게 총으로 피노키오를 쏘라고 강요한다. 그건 친구에 대한 사사로운 감정보다는 조국에 헌신하는 강인한 군인의 마음을 '장착'하라는 요구였다. 하지만 캔들윅은 아버지에게 맞선다. "늘 아버지를 기쁘게 하려고 노력했어요. 하지만 이젠 안 해요." 이 장면은 생명을 짓밟는 폭력을 온갖 그럴듯한 명분과 시적 언어로 포장해온 아버지를 상징적으로 살해하는 살부(殺父)의 순간이자, 아버지의 영토로부터 탈주한 소년이 자신의 양심에 따라 폭력을 배우기를 거부하는 빛나는 병역거부의 순간이기도 하다.*

델 토로는 〈악마의 등뼈(The Devil's Backbone)〉(2001)와 〈판의 미로(Pan's Labyrinth)〉(2006) 등에서부터 전쟁이 특히 아이들을 무참하게 죽여왔다는 현실과 반성 없는

* 양심적 병역거부를 이해할 수 있는 입문서로 이용석의 『병역거부의 질문들—군대도, 전쟁도 당연하지 않다』(오월의봄, 2021)와 『평화는 처음이라』(빨간소금, 2021)가 도움이 될 것이다.

파시스트들에 대해 계속 비판해왔으며, 그에게 베니스국제영화제 황금사자상과 아카데미 작품상, 감독상을 비롯해 수많은 상찬을 안겼던 〈셰이프 오브 워터: 사랑의 모양(The Shape of Water)〉(2017)에선 파시즘의 문제가 헤게모니적 남성성과 연결되어 작은 생명들을 해치고 지구 생태를 망쳐왔다는 문제의식을 드러냈다. 〈셰이프 오브 워터〉에서 미 항공우주센터에서 청소부로 일하고 있는 농인 엘라이자(샐리 호킨스 분)와 아마존에서 잡혀 온 신적 존재인 '물고기 인간'(더그 존스 분)은 '지배하는 남자' 스트릭랜드(마이클 섀넌 분)를 피해 서로 깊은 사랑을 나눈다. 스트릭랜드는 1950년대 미국의 매카시즘과 폭압적인 분위기를 체현한다. 영화에는 장애인, 성소수자, 흑인을 재현/대변(represent)하는 캐릭터들이 정확하게 묘사되며 '물고기 인간'은 인간 사회 안의 다른 어떤 정체성에 대한 은유가 아니라 인간 문명 아래에서 짓밟힌 생태 그 자체를 대변한다.* 〈피노키오〉의 남성성 및 군사주의 비판은 이 인식들의 연장선상에 있다.

함께 살펴볼 만한 또 다른 재미있는 부분은 푸른 요

---

* 이에 대해서는 박정원, 「〈셰이프 오브 워터: 사랑의 모양〉의 아마존 비인간 주체와 세계의 재마법화」, 《비교문화연구》 제62호, 2021 참고.

정의 존재가 '피노키오'의 다양한 판본에서 어떻게 변용되는가이다. 인간과 자연이 명백하게 분리되지 않았던 근대 초창기의 '혼돈'이 고스란히 드러나는 (지금의 관점에서 보면) 괴작이었던 동화 원작에서 푸른 요정은 피노키오의 탄생에 별 영향을 미치지 못하지만, 이야기 중반에 나타나 '어머니' 역할을 수행한다. 이 유사-어머니의 등장과 함께 기이한 나무토막이었던 피노키오는 점차 문명화되고 사회화되어 결국엔 "진짜 소년"으로 재탄생한다. 요정의 눈에 들어 다시 살 기회를 얻기 위해 이 야생의 생명체는 훈육하는 목소리에 복종하는 법을 배우고 "노동으로 부모를 부양"하는 성실한 소년으로 거듭나야 했다. 그것이 19세기 리소르지멘토(Risorgimento, 이탈리아 통일운동) 이후 이탈리아의 엘리트들이 꿈꿨던 "새로운 이탈리아인"의 자질이었던 셈이다.(김효정, 2019) 이 이탈리아판 교육 콘텐츠에서 문제적인 존재는 점차 '자연 상태'에 고착되고, 매우 인간적인 사회화는 문명의 자리에 위치하게 된다.

하지만 1940년대 미국으로 가면 푸른 요정은 애초에 그에게 숨을 불어넣어 주는 존재로 바뀌고 훈육자 역할은 지워진다. 가정의 영역을 벗어난 공간에서 벌어지는 모험과 성장에 여자-어머니가 낄 틈이 사라져버린 것이다. 〔그리고 푸른 요정의 역할은 크리켓(피노키오의 멘토 격인 귀뚜라미)에게로 옮겨지는데, 그는 매번 훈육에 실패한다.〕톰 행크스가 제페토를 연기했던 실사판 〈피노키오〉(로버트 저메키스, 2022)의 경우에는 요정의 역할엔 별다른 변화가 없지만 피부색이 바뀐다. 흑인 요정의 형상을 한 푸른 요정은 페미니즘 제4물결을 탄 디즈니의 다양성과 포용성 지표를 담은 일종의 설정 캐릭터로 기능한다. 이렇게 보면 푸른 요정은 작가 혹은 제작 주체가 '피노키오'라는 주제를 대하는 태도가 드러나는 틈새이기도 하다.

델 토로의 판본에서 푸른 요정은 숲의 정령과 죽음의 신, 두 개의 존재로 분화하여 서사 자체를 추동하는 중요한 동기부여자가 된다. 작품 초반부에 숲의 정령은 아들을 잃고 술독에 빠진 제페토가 분노로 깎아 내팽개쳐버린 나무 소년에게 생명을 준다. 스스로 "작은 것들, 잊힌 것들, 길 잃은 것들을 돌보는 수호자"라고 말하는 숲의 정령은 콜로디의 푸른 요정이 품었던 자비와 측은지심을 이어받았다. 그는 자신의 일부, 즉 소나무로부터 탄생한 나무 소년에게 움직일 수 있는 활동성뿐 아니라 이름도 준다. 다른 판본들에서 그에게 이름을 주는 것이 아버지인 제페토라는 점과 사뭇 다른 설정이다. 반면 죽음의 신은 피노키오가 사고를 치고 사후 세계로 떨어졌을 때 그에게 세계의 섭리와 생의 진리를 알려주는 존재다. 그리고 결국에는 죽음으로부터 그를 되살려 영생을 누리도록 해준다. 중요한 건 이 세계의 섭리 안에서 영생을 누리는 것은 "진짜 소년", 즉 인간이 '될 수 없다'는 뜻이기도 하다는 점이다. 하지만 델 토로의 피노키오에게 인간은 '도달해야만 하는 궁극의 목표'가 아니라 '꼭 도달해야 할 필연이 없는 대상'이다. 이건 어떤 존재든 절실하게 인간이 되기를 원하고, 그것이 아니라면 의인화되기라도 원할 것이라는 인간중심적 상상력을 가뿐히 뒤엎는다.

흥미롭게도 죽음의 신은 저 유명한 스핑크스의 형상을 하고 있다. 인간에 대한 비밀을 알고 있지만 가부장제의 법을 상징하는 오이디푸스에게 그 비밀을 빼앗기고 무너져버린 포악한 여신 말이다. 영화학자 바버라 크리드(Barbara Creed)는 『여성 괴물, 억압과 위반 사이(The Monstrous Feminine)』(2017)에서 스핑크스가 가부장제 이전에 등장하는 단성생식하는 어머니에 대한 신화적 상상력의 계보 안에 있다고 설명한다. 북아메리카 선주민의 창세 신화에는 세상의 모든 생명을 탄생시킨 두 여신이 등장하는데, 그들은 거미여인이 단성생식해서 낳은 존재들이다. 거미여인은 "우주의 비밀을 알고 있는 생각하는 여자 혹은 현명한 여자"(63)였다. 하지만 그는 오이디푸스 신화에 이르러 사악한 괴물, 스핑크스로 바뀐다. 스핑크스는 테베인들에게 "아침에는 네 발로 걷고, 점심에는 두 발로 걸으며, 저녁에는 세 발로 걷는 존재는?"이라는 수수께끼를 내고, 이를 맞히지 못하는 이들을 잡아먹었다. 결국 테베의 영웅 오이디푸스가 답을 맞혔을 때 그는 스스로 붕괴한다. 이 수수께끼의 답은 우리가 잘 아는 것처럼 "인간"이다. 이로써 인간의 비밀은 여신의 손에서 인간-남자(man)의 손으로 넘어간다. 이 비밀을 쥔 오이디푸스는 왕의 자리에 올라 자신을 낳은 어머니와 혼인함으로써 기어코 '아버지'가 되었다, 자기 자신의 아버지가 된다는 기묘한 딜레마를 안고서. 그런 의미에서 스핑크스의 전설은 여신의 시대에서 가부장의 시대로의 전환을 의미했던 것으로 추정된다.*

---

* 페미니스트 영화 이론가이자 감독이었던 로라 멀비(Laura Mulvey)는 이 이야기를 피터 울렌(Peter Wollen)과 함께 연출한 영화 〈스핑크스의 수수께끼(Riddles of the Sphinx)〉(1977)에서 다룬다.

'정신분석학의 아버지'로 불리는 프로이트는 자신이 가지고 있었던 소년의 사회화 가설에 오이디푸스 콤플렉스라는 이름을 붙였다. 그리고 그 가설이 인간의 성장 과정을 설명하는 보편적인 과학이라 주장했다. 하지만 오이디푸스 콤플렉스는 정상 인간의 모델을 남아(男兒)로 한정하고, 인간 성장의 핵심적인 역할을 하는 존재를 거세공포를 환기하는 아버지로 지목하면서도 여성에게 독박육아를 강요한다.* 그런 의미에서 오이디푸스 콤플렉스는 보편적 과학이라기보다는 19세기 유럽이라는 특정한 시공간의 가부장제를 반영한 '거울 이미지'에 가깝다. 말하자면 '오이디푸스 콤플렉스'라는 이야기 자체가 남성 가장을 가족의 중심이자 사회의 중심이며, 역사의 중심으로 세웠던 지배적 허구인 것이다. 그리고 그 지배적 허구 안에서 스핑크스, 즉 단성생식하는 전능한 어머니는 아들이 아버지의 법이 지배하는 사회로 안전하게 진입하기 위해서 반드시 제거해야 하는 혐오의 대상이 되어버린다. 바버라 크리드는 이 내용을 강조하며 이렇게

---

* 바버라 크리드는 『여성괴물』에서 프로이트의 "꼬마 한스 케이스"를 재해석하면서 거세 공포를 환기하는 것은 어머니라고 논박하고 대중문화에 등장하는 여성 거세자의 형상을 분석한다.

덧붙인다. 오이디푸스는 언제나 살부와 근친상간의 죄를 저지른 것으로 이해되었지만, 그는 그 이전에 살모의 죄를 저질렀다고.

아버지의 아들이 아닌 오드킨, 기이한 친척의 탄생

델 토로의 피노키오는 오이디푸스가 저지른 살부와 살모의 죄 이야기 모두를 다시 쓰면서 완전히 다른 계보를 만든다. 그는 자신에게 생명을 준 어머니들의 권위를 따르고 기물로서의 정체성을 유지함으로써 어머니들을 배신하지 않았다. 동시에 자신을 깎아 형상을 부여하고 마음을 다해 사랑해준 아버지의 곁을 지킴으로써 아버지를 돌보는 자가 된다. 어느 누구와도 '혈연'이나 '제도'로 묶이지 않지만, 기꺼이 연결된 존재로서 그 신의를 다하는 셈이다.

해러웨이(2021)는 쑬루세에 "자식이 아니라 친척(kin)을 만들자"고 제안했다. 그에게 110억 명의 인구는 그 자체로 기후 위기를 초래한 원인이다. 그러므로 부계혈통주의에 기댄 전통적인 재생산 방식을 벗어나 새로운 관계를 맺는 것은 그에게 중요한 과제였다. 이는 존 그레이가 인간이 대량으로 이상 증식함으로써 지구에게 '파종성 영장류 질환'이 되었다고 지적했던 것과 맞닿아 있는 문제의식이다. 물론 해러웨이에게는 인간에 대한 혐오보다는 생물학적 혈통주의를 벗어나 더 다양한 관계를 맺어가는 대안적 가족에 대한 상상력이 더 중요한 의미를 갖지만 말이다. 이때 해러웨이가 말하는 친척이란 "혈통이나 계보에 묶인 실체가 아니라 그 이상의 무엇을 의미하는 것"이며 친척 만들기란 "반드시 개체이거나 인간인 것은 아닌" 다양한 "사람들(persons)"을 만드는 일이다. 그는 이런 친척을 오드킨(odd kin, 기이한 친척)이라 불렀다.

델 토로의 나무 소년은 아들 카를로를 잃었다는 상실이 '아버지' 제페토에게 초래한 고통으로부터 신체를 부여받았지만, 활력을 얻은 것은 관습적 이데올로기를 초월하는 숲과 이세계(異世界)로부터였다. 그는 전통적인 의미에서 규정되는 '아버지의 법' 안에 머물기를 거부했고, 그리하여 아버지뿐 아니라 자신이 사랑하는 이들을 돌보고 "아빠의 아빠"(조기현, 2019)가 되어 그들 모두가 세상을 떠날 때까지 그들 옆을 지킨다. 그리고 마지막 친척을 땅에 묻은 그는 모든 상실을 안은 채 새로운 세계로 떠난다. 이 나무 소년은 자연의 역능과 생기를 품고서 스스로 혈연을 벗어난 자식이자 부모가 되었다. 물론 그가 지금까지 인간이 해온 그러한 방식으로 자신의 '혈육'을 재생산하지 않을 것임은 분명하다. 피노키오는 일종의 오드킨이다.

델 토로는 북반구 문명의 사유 체계를 넘어서는 생명과 죽음에 대한 이해를 푸른 요정의 분화된 두 화신에 녹여내면서 콜로디의 작품에서 북반구의 언어, 혹은 아버지의 법으로 충분히 포섭되지 못한 채 잉여로 남았던 생기성에 집중한다. 그렇게 스스로 사람의 집(문명 세계)으로 굴러 들어온 기물이었던 나무토막이 내포한, 인간에게 길들지 않는 자연의 생기, 그러나 디즈니의 작품이 완전히 지워버렸던 역능, 공-지하적이고 공-생산적인 힘을 되살려낸다.

5장

세상의 끝에서 '인간-너머'를 말하기

신화 안에 살고 있는 사람에게는 그 신화가
자명한 사실로 여겨진다.
'인류의 진보'는 이런 종류의 사실이다.

—존 그레이,『동물들의 침묵』

각종 윈도를 타고 흐르는 파국 서사는 세계는 망했고 새로운 대안을 상상하기 어렵다는 인식 속에서 우리를 사로잡는 허무한 상상력이다. 이는 근대적 인간성이 종말을 맞이했다는 불안의 표출과도 맞닿아 있다. 그래서인지 파국 서사에는 포스트휴먼에 대한 묘사를 포함해서 포스트휴먼 인식론이 심심찮게 등장한다.

대중문화에서 포스트휴먼은 좀비 같은, 인간 아닌 존재(inhuman)를 비롯해서 〈셰이프 오브 워터〉(기예르모 델 토로, 2017)의 '물고기 인간'과 같은 비인간 생명체(non-human), 〈아이, 로봇(I, Robot)〉(알렉스 프로야스, 2004)의 인공지능 로봇 VIKI와 같은 반–인간(anti-human), 〈어벤져스: 인피니티 워(Avengers: Infinity War)〉(앤서니 루소, 2018)의 타노스와 같은 비인도적 존재(inhumane) 등의 형상으로 그려진다. 이에 더해 트랜스휴먼(trans-human)의 형상과 비판적 포스트휴먼(critical post-human)의 형상이 등장하는데, 여섯 가지 범주는 서로 배타적이라기보다는 중첩되어 있다.* 이런 포스트휴먼 형상은 우리가 인간성(humanity)을 상상하는 익숙한 경로들을 잘 보여준다.

이런 인간-이후를 둘러싼 담론과 재현이 그저 말장난이거나 하나의 유행에 불과한 건 아니다. 포스트휴먼은 인간이 자신들이 존재해온 방식에 대한 메타인지를 기르고, 지구 행성에서 다른 생명체 및 물질들과 맺는 관계에 대한 상상력을 질적으로 전환하는 질문들을 빚어낼 새로운 생각의 틀이 될 수 있다. 때로는 매혹적이고, 때로는 퇴행적이며, 때로는 우리의 이해 범주를 넘어서는 방식으로 등장하는 포스트휴먼의 상상력이 어떻게 파국이라는 불안과 만나는지, 이제 찬찬히 따라가 보자.

* 로지 브라이도티(Rosi Braidotti)는 『포스트휴먼(The Posthuman)』에서 인간 종에 대한 이해 자체가 급진적으로 달라지는 시대에 인간-이후를 사유하는 포스트휴먼 인식론이 등장하게 된 조건들을 탐색하면서 이런 조건들이 인간-아님, 비인간, 반인간, 비인간적임, 포스트휴먼에 대한 담론 및 표상의 증가와 함께 지구화되고 있다고 설명한다.(로지 브라이도티, 『포스트휴먼』, 이경란 옮김, 아카넷, 2015, 8쪽) 나는 로지 브라이도티의 포스트휴먼 논의를 '비판적 포스트휴먼 논의'로 분류하고 그가 작은 분류 단위로 제시했던 '포스트휴먼' 형상을 '트랜스휴먼'과 '비판적 포스트휴먼'으로 구분한다.

"이러다 다 죽는다"는 불안과
트랜스휴먼이라는 환상: 〈이어즈 앤드 이어즈〉의 예

알렉스 캘리니코스(Alex Callinicos, 2020)는 2008년 미국 발 금융 위기로부터 시작된 대침체기(Great Recession) 이후 가속화한 전 지구적 극우화가 이번 코로나 사태를 심화했다고 지적한다. 그뿐만 아니라 전 지구적 감염병과 함께 각 지역의 약한 고리가 무너져 내리기 시작한 것을 막을 능력도, 의지도 없는 상황이 지속되고 있다. 미국의 경우에는 트럼프의 얼굴로 대변되는 극우 정부의 노골적인 혐오 선동과 함께 인종차별과 낙인의 문제가 심각한 사회문제로 대두되었다. 2020년 #BlackLivesMatter와 2021년 #StopAsianHate로 대변되는 저항운동이 미국 사회에서 펼쳐지는 것은 위기와 차별이 깊이 연결되어 있다는 염려가 기우가 아님을 증명했다.

2019년 BBC에서 제작한 SF 드라마 〈이어즈 앤드 이어즈(Years and Years)〉는 2000년대 중반 이후 전 지구적으로 진행되어가는 극우화의 흐름을 정확하게 포착하고 앞으로 다가올 미래를 현실감 있게 묘사했다는 평가를 받으며 큰 반향을 일으켰다. 장기 20세기가 끝나고 본격적인 21세기가 시작되는 이 시점에, 20세기의 앙시앵 레짐을 여기서 끝내지 않으면 우리 앞에 놓인 한 해 한 해는 이렇게 박살이 날 것이라고 드라마는 차갑게 경고한다. 그리고 이 모든 진보적인 이야기의 향연 끝에 드라마는 포스트휴먼에 대한 사유 중 가장 보수적인 세계관에 기대는 트랜스휴먼의 상상력으로 마무리된다.

　드라마는 브렉시트(Brexit) 이후 2019년부터 2034년까지의 영국을 배경으로 한다. 이 시기 영국에서는 기업인 출신 정치가 비비언 룩(엠마 톰슨 분)이 '사성당(四星黨)' 당수로서 정치판에 뛰어들어 보수당과 노동당을 들러리로 만들고 인기몰이를 하면서 총리 자리에까지 오른다. 프랑스 극우 민족주의 정당 '국민전선'의 마린 르 펜을 떠올리게 하는 그는 "팔레스타인 문제엔 좆도 관심 없고, 내 집 앞 쓰레기통이나 잘 비워지면 좋겠다"는 식의 발언을 아무렇지도 않게 하는 극우 포퓰리스트다. 이 시기 옆 나라 프랑스엔 극우 정당, 스페인엔 극좌 정당이 들어서고, 미국에선 트럼프 재선에 이어 마이크 펜스가 대통령에 당선된다. 세계의 국경은 견고해지고, 동성애자 차별과 배제는 더욱 심해지며, 난민들은 체스판 위의 말처럼 정치적, 외교적 상황에 따라 여기저기로 옮겨진다. 그러는 사이 사람들의 삶은 조각조각 무너져 내린다. 미국에서 낙태죄 부활은 자연스러운 수순이다.

주인공들은 이런 근미래의 파국적 상황 속에서 어떻게든 살아가려는 라이언가(家) 사람들이다. 그들은 '그냥 우리' 같은 사람들이다. 가족 구성원들의 정치적 성향은 물론 성적 지향, 성정체성, 사회적 지위, 신체 등 모든 조건이 다양하다. 반자본, 반정부 레지스탕스인 이디스(제시카 하인즈 분), 노동당을 지지하는 금융인 스티븐(로리 키니어 분), 보수당을 지지하는 공무원 대니얼(러셀 토비 분), 사성당을 지지하는 블루칼라 노동자 로지(루스 매들리 분). 그들 각자가 꾸린 핵가족 구성원들에는 이성애자, 동성애자, 흑인, 백인, 혼혈, 아시아계 혼혈, 시스젠더, 트랜스젠더, 장애인, 비장애인, 이주자, 난민이 섞여 있다. 이는 마치 영국의 다양한 인구 구성을 보여주는 듯하다. 이에 대해 드라마가 지나치게 가족중심적 혹은 가족주의적이라는 비판이 일기도 했지만, 그보다는 이런 다양한 인구 구성이야말로 '우리'라는 것을 보여주기 위한 장치에 가까워 보인다. 누구도 '완전한 타자'로 그려지지 않는 것이다. 이는 비비언 룩의 정부가 난민과 노동자를 '완전한 타자'로 배제하려고 하는 것과 대비되면서 극우 정권의 폭력성을 더 선명하게 드러낸다.

　한 해 한 해 흐르는 세월과 함께 디스토피아적 전망 역시 흘러간다. 세계경제 공황으로 벌어진 은행의 도산, 실업, 난민 핍박, 각종 다양성에 대한 불관용, 자유의 몰락, 이상 기후, 핵전쟁. 이 모든 상황의 끝에 라이언가 형제들의 할머니인 뮤리얼(앤 리드 분)이 식사 자리에서 읊는 대사가 인상적이다. "너희들이 만든 세계에 온 것을 환영한다." 뮤리얼은 대형 마트의 계산원이 키오스크로 대체될 때부터 아무 말도 하지 않고 당연한 것으로 받아들였던 우리가 인간을 종잇장처럼 여기는 파국적 세계를 초래했음을 강조한다. 드라마는 극우의 득세가 디스토피아의 세계를 연다는 것을 역설하면서 현실에 안주하는 시민들에게 '각성하라'는 정치적 교훈을 남긴다.

　그런데 이 모든 비관적 전망 안에서 드라마는 트랜스휴먼 상상력을 가능성 중 하나로 제시한다. 스티븐의 딸 베서니(리디아 웨스트 분)는 "미디어는 인간의 확장"(마셜 매클루언)이라는 이해를 극대화한 트랜스휴먼을 지향한다. 그의 꿈은 자기 자신을 결정짓는 데이터, 즉 일생의 기억을 다운로드하여, 한계에 갇혀 있을 뿐만 아니라 언젠가는 쇠락하여 소멸하고 말 '인간의 육신'을 벗어나 광대한 네트 속에서 영생하는 것이다. 금융 위기와 함께 경제적으로 파산한 아버지가 트랜스휴먼화를 위한 수술 비용을 대줄 수 없는 상황이기에 베서니는 국가로부터 지원을 받아 뇌에 상시적으로 인터넷에 접속할 수 있는 칩을 이식하는 수술을 받는다. 그리고 정부 기관에서 근무한다. 그것이 국가가 국민의 트랜스화를 지원하는 조건이다. 그는 이후 이디스가 조직하는 시민 봉기에서 핵심적인 역할을 하게 된다. 정부 데이터에 손쉽게 접근해서 중요한 정보를 빼내고 각종 디지털 통신망을 자유롭게 활용함으로써 디지털 혁명을 이끄는 것이다. 이때 베서니 옆에선 동료 트랜스휴먼들이 함께 움직인다.

결국 영국의 시민들은 파시스트 정권인 비비언 룩 정부를 전복시킨다. 드라마의 마지막에 룩은 감옥으로 걸어 들어간다. 하지만 우리는 이것이 끝이 아님을 알고 있다. 룩은 그야말로 체스 판 위의 말(Rook)이었을 뿐이다. 파국적 현실 안에서도 희망을 찾았던 이야기는 이 모든 쇠락에는 더 큰 배후가 있을 것이라는 암시를 남기며 마무리된다. 그런데 드라마가 끝나기 직전, 새로운 상황이 펼쳐진다. 시청자들은 반핵 운동을 하다가 피폭당해 건강상의 어려움을 겪으면서도 반정부 시위를 주도했던 이디스의 마지막 모습을 본다. 그는 죽음을 맞이하기 전 자신의 기억을 다운로드하고 있다. 트랜스휴먼이 되어 영생하고자 했던 베서니의 꿈을 먼저 실현하는 중인 것이다. 회고를 끝낸 이디스는 네트 속으로 사라진다. 그리고 이제 라이언 가족은 이디스가 과연 네트를 통해 되돌아올지 기대하면서 음성 AI 서비스 '시놀' 앞에 모여 앉아 있다. 이디스가 기계를 통해 현현하기를 기다리는 것이다. 이디스는 과연 성공적으로 트랜스휴먼이 되었을까? 드라마에서는 결과가 끝까지 밝혀지지 않는다. 하지만 아마도 성공했을 것이다. 그리고 어쩌면 영국의 평범한 시민들이 비비언 룩의 배후에 있던 누군가와 결전을 벌이는 순간에, 네트에 상주하는 이디스, 이제는 기계-신의 존재가 된 이디스가 어떤 역할을 하게 될지도 모른다.

이처럼 과학기술을 바탕으로 인간 육신의 한계를 넘어 인간 정신의 영생을 꿈꾸는 태도가 바로 트랜스휴머니즘적 태도다. 트랜스휴머니즘은 한스 모라벡(Hans Moravec), 마빈 민스키(Marvin Minsky), 레이 커즈와일(Ray Kurzweil) 등으로 대변되는 극단화된 자유주의적 휴머니즘으로부터 비롯한 낙관적 기대이자 인간을 정신과 육체로 나누고 육체를 자율적인 정신의 소유물로 여겨 뜻대로 제어할 수 있다고 생각하는 근대적 인간관에 기댄다. "생각하기 때문에 고로 존재"하는 코기토적 주체는 그렇게 생각할 수 있는 능력, 즉 이성을 통해 스스로를 만물의 영장으로 여기게 되었다. 인간 이성의 최대치라고 생각되는 과학이 자연에 대한 완벽한 이해와 그에 기반한 자연 정복을 과제로 삼으면서 종교의 자리를 차지하게 된 것은 이 과정 안에서였다. 신체-자연-물질을 폄하하고 정신-문명-인간을 숭배하는 이분법적 태도는 이로부터 비롯하고, 인간을 구성하는 것으로서 정신은 위대한 것, 인간을 자연에 가깝게 만드는 육체는 저열한 것으로 위계화되었다.

그러므로 자유주의적 휴머니즘 주체는 스스로를 "합리적 정신과 동일시"하면서 쉽게 "신체의 말소"를 말하게 된다. 그뿐만 아니라 자유주의적 주체는 "사회에 아무것도 빚지지 않았다"고 생각하면서 "인간의 본질은 타인의 의지로부터 자유롭다"는 환상에 사로잡혀 있다.(캐서린 헤일스 2013, 24-27) 이렇게 자율적인 정신에 방점을 찍는 트랜스휴머니즘적 태도는 〈이어즈 앤드 이어즈〉의 시사적 규명으로 이어진다. 정부 기관에서 일하는 베서니가 정부의 아무런 감시 없이, 즉 빅데이터 시대의 빅브

라더 개입 없이 정부 데이터베이스에 쉽게 접근할 수 있다는 설정은 안일하다. 이 드라마가 다른 디스토피아적 미래의 구체적인 상황들을 촘촘하게 예언하는 것과 비교하자면 이상해 보일 정도다. 게다가, 만약 트랜스휴먼이 된 이디스가 여전히 반자본, 반정부 레지스탕스이자 계몽주의적 혁명 주체로 남아 있으리라고 기대한다면, 이 역시 나이브한 접근 아닌가. 이디스는 시놀의 신체를 경유해서 가족들 앞에 현현할 예정이다. 시놀이 이디스의 데이터에 간섭하지 않을까? 〈공각기동대(攻殻機動隊)〉(오시이 마모루, 1995)에서 쿠사나기는 인형사와 접속해 인형사의 일부가 된다. 쿠사나기는 인형사에게, 인형사는 쿠사나기에게, 어떤 형태로든 서로 간섭한다.

서구 대중문화의 자유주의적 상상력은 이처럼 독립적이고 자율적인 주체성이 '말살'되는 것을 대단한 두려움으로 여긴다. 〈스타트렉〉 시리즈에서 보그가 가장 위협적인 빌런으로 그려지는 이유다. 우주의 다양한 생명체를 사이보그화해 본인들의 집단지성으로 동화시켜 완벽한 생명체로 진화해가는 것을 존재의 목적으로 삼는 보그 컬렉티브(Borg collective)는 지도자인 보그퀸을 제외하면 자의식이 없는 존재들이다. 흥미롭게도 보그퀸은 여성 신체를 드러내며 〈스타트렉〉의 남성 영웅을 유혹하는데, 이를 통해 그는 남성 주체의 경계를 오염시키고 무너뜨리겠다고 위협하는 여성 괴물, 비체적 존재(abject)가 된다.*

앞에서 만났던 〈가오갤 3〉의 로켓이나 〈피노키오〉의 피노키오는 이런 대중문화 속 자유주의적 주체와는 다른 포스트휴먼 형상을 보여준다. 로켓은 '너구리'의 신체가 갈기갈기 찢기고 재조합되는 신체의 경험 안에서 인지 능력과 지능의 변화를 경험한다. 신체의 경험과 정신의 경험이 분리되어 있지 않은 것이다. (그러므로 이 글에서 계속 등장하는 '신체', '정신'의 구분은 그저 우리에게 익숙한 사고방식에 기댄 편의적인 구분이자 표현 방식일 뿐이다.) 피노키오 역시 인간 정신이 영생할 수 있는 기물의 신체를 입은 것이 아니라, 기물의 정신이 인간의 형상을 닮은 나무 인형의 신체를 입은 것이다. 그 때문에 피노키오의 경험의 경로도 '인간 소년'의 경로에 접속하고 떨어지면

---

* 물론 '집단지성'이라는 개념 자체가 자유주의적 주체성의 확장이다. 개인적으로 보그족 재현에서 흥미로웠던 건 그들이 완벽한 생명체, 즉 최고의 지성을 지향해간다는 점이 아니라 어떤 사건들에 대해 집단적으로 감응한다는 점이었다. 주체(主體, subject)를 위협하는 비체(非/卑體, abject) 개념에 대해서는 바바라 크리드, 『여성괴물, 억압과 위반 사이』, 여성문화이론연구소, 2017 참고.

서 형성되었을 것이다. 결국 신체가 말소된 이후에도 데이터의 형식으로 정신이 살아남아 존재가 영생할 수 있다는 드라마의 트랜스휴먼 상상력 안에서 살아남은 것은 "이 자유롭고 휴머니즘적인 자아"이며, 그것은 "단지 기술화된 모습으로, 즉 '기계 속에 있는 정신'이라는 새로운 형태"로 스스로를 드러낸다.*

드라마는 인류에게 닥칠 진정한 파국은 지구 종말이 아니라 극우의 득세라고 말하지만, 동시에 그렇기에 우리 인간이라면 "난민도 인간이다"라고 말하는 휴머니즘을 바탕으로 이런 파국을 극복할 수 있다고 말한다. 이 드라마가 온갖 암담한 미래를 선보일 때도 자연재해의 문제를 다른 문제들과 같은 비중으로 다루지 않는 건 인간중심적 세계관의 결과가 아닐까? 결국 이런 인식론은 인류세에서 촉발된 문제들을 외면하게 한다.

이 작품에서 결국 휴머니즘은 극복되지 않았다. 〈이어즈 앤드 이어즈〉의 어떤 낙관주의는 다른 현실, 즉 인간이 테란을 죽이고 있는 현실을 외면함으로써 가능해진

---

* 이는 비판적 포스트휴머니즘을 논하는 슈테판 헤어브레히터(Stefan Herbrechter)가 트랜스휴머니즘의 옹호자 레이 커즈와일을 비판한 내용이다.(슈테판 헤어브레히터, 『포스트휴머니즘』, 김연순·김응준 옮김, 성균관대학교출판부, 2012, 79쪽)

다. 그렇다면 이런 휴머니즘이 초래한 코로나19와 같은 재난이 오히려 기득권을 강화하고 소수자를 더욱 주변화한다는 사실은 어떻게 다뤄야 하는가. "기술적으로 유도된 포스트휴먼화", 즉 트랜스휴머니즘적 상상력을 벗어난 "전혀 다른 포스트휴먼화"(헤어브레히터 2012, 70)는 어떻게 상상할 수 있을까?

비판적 포스트휴머니즘의 상상력과 〈서던 리치〉

제프 밴더미어(Jeff Vandermeer)의 에코 스릴러 『소멸의 땅(Annihilation)』을 원작으로 하면서 인간의 파국을 그리는 또 한 편의 SF 〈서던 리치: 소멸의 땅〉은 〈이어즈 앤드 이어즈〉와는 조금 다른 포스트휴먼 형상을 그린다. 원제는 "어나이얼레이션(annihilation)", 즉 소멸인데, '절멸'이라고 번역할 수 있다. 이 작품을 통해 우리는 지금까지 인류가 상상해온 '인간됨'의 소멸은 '절멸'이 아니라 존재에 대한 상상력의 전환일 뿐임을 보게 된다. 영화는 인간역시 자연-문화 연속체의 일부라는 생각이 초래하는 일종의 인식론적 공황 상태에 틈입해 들어오면서 비판적 포스트휴먼 담론의 얽힘의 상상력을 펼쳐낸다.

비판적 포스트휴머니즘은 정신-물질의 이분법과 이 둘 사이에 설정된 위계를 비판하면서 세계는 '이미 공존함'을 설명하고 점차 소멸해가는 공존을 재모색하는 철학이다. 이런 비판적 포스트휴머니즘은 몸에 대해 적극적으로 사유하는 몸 페미니즘과 근대적 휴머니즘에 대해 비판하는 포스트모던 페미니즘으로부터 성장했다. 신유물론이 포스트휴먼을 둘러싼 담론과 만나는 것은 이런 맥락 안에서다.* 정신-물질(신체)의 이분법을 비판적으로 성찰하는 이 일원론적 세계관에서는 트랜스휴머니스트들의 주장처럼 "육체가 영혼의 감옥"이 되는 것이 아니라 오히려 "영혼이 육체의 감옥"이 된다. 관념의 한계가 육체에 대한 인식의 한계로 이어지기 때문이다. 예컨대 '인간의 섹스는 두 개뿐!'이라는 인식론이 인간 신체의 한계를 규정할 뿐만 아니라 이 '두 개의 섹스'라는 신념체계에 포섭되지 않는 수많은 신체를 소외시킨다. 그러므로 비판적 포스트휴머니즘은 트랜스휴머니즘에 대

---

* 이에 대해서는 헤어브레히터, 『포스트휴머니즘』, 10-48쪽; 브라이도티, 『포스트휴먼』, 8-14쪽 참고.

한 적극적인 비판이기도 하다. "계시적인 신화나 새로운 정신성 또는 초월성이라는 형식에 빠져들지 않고 '인류의 종말' 이후의 인간을 생각"하고자 하며, "휴머니즘에 근거한 것이 아니라 휴머니즘 안에 비판적이며 해체적으로 내재"해 있기를 지향하기 때문이다. 비판적 포스트휴머니즘이란 포스트-*휴먼*이 아니라 *포스트-휴먼*한 포스트휴머니즘(슈테판 헤어브레히터 2012, 14-19)인 것이다.

그런데 '인류의 종말' 이후의 인간이란 대체 무엇인가? 인류가 종말했는데 인간은 살아남을 수 있다는 말인가? 정치철학자 존 그레이의 언어를 경유해 설명하자면 이렇다. 존 그레이에게 '인류'란 "수십억 명의 개인들로 구성된 허구"를 의미한다. 일종의 '상상의 공동체'인 셈이고, 이런 인위적인 공동체를 유지하기 위해서 작동하는 강력한 지배적 허구가 진보 사관에 기댄 '인류 문명사'다. 하지만 역사 역시 환상에 불가하다. 만약 우리가 "인간이라는 종의 역사를 이야기한다면, 이는 각 인생의 알 수 없는 총합을 뜻하는 것일 뿐"(존 그레이, 2014)이다. 그럼에도 불구하도 우리가 기어코 '인류의 역사'를 말하고자 한다면, 우리가 이로부터 확인할 수 있는 유일한 진실은 역사는 두 번만이 아니라 세 번이고 네 번이고 계속해서 반복된다는 사실일 것이다. 각종 재난과 참사, 그리고 지금 우리가 경험하는 파국의 상황들이 재차 확인해 주듯이 인간은 역사로부터 아무것도 배우지 못한다. 그레이의 말처럼 지식은 축적될 수 있으나 지혜는 쌓이지 않는 것이다. 어쩌면 이 팩트의 직시야말로 컴퓨터가 시를 짓는 시대에도 인간에 대한 무차별한 학살이 지속된다는 사실을 설명할 수 있는 유일한 방법이다. 이런 의미에서 '인류의 종말'은 북반구 중심적 역사관의 종말에 가깝고, 인류가 종말했다고 해서 구체적 실체로서 인간이 멸종하는 것은 아니다.

이런 비판적 포스트휴머니즘의 태도가 도나 해러웨이와 같은 페미니스트 과학철학자들로부터 시작되었다는 점은 중요하다. 생물학이나 의학 같은 근대과학이 확정된 진리가 아니라 어떻게 상황적으로 위치 지어진, 그러니까 기존의 기울어진 인식론이나 태도, 조건 등이 개입된 '상황적 지식'(해러웨이, 2002)인가에 대한 질문으로부터 근대 휴머니즘 자체에 대한 전복이 가능해졌기 때문이다. 비판적 포스트휴머니즘은 실체로서 '언어 이전에 이미 존재하는' 물질에 주목하지만, 그렇다고 해서 기존의 과학과 철학이 "무엇을 실체라고 주장해왔는가" 자체를 질문하지 않는 건 아니다. 오히려 그것을 더 적극적으로 질문한다. 중요한 건 신체(를 포함한 물질)와 따로 존재하는 정신이 있는 것이 아니라, 신체/물질과 정신은 서로 분리 불가능하게 얽혀 있음을 이해하는 것이다. 〈서던 리치〉의 포스트휴먼 형상은 이런 문제의식의 이해를 돕는 구체적인 이미지를 제공한다.

영화는 미국의 한 해변가 등대에 정체를 알 수 없는 빛이 떨어지면서 시작한다. 충돌과 함께 등대를 중심으로 현대 과학으로는 포착할 수도, 설명할 수도 없는 공간적 변이가 일어난다. 그리고 거대한 에너지장으로 둘러싸인 구역인 '시머(shimmer)'가 형성된다. 심지어 시머는 계속 확장 중인데, 전파나 드론, 훈련된 동물 등 어떤 문명의 이기로도 그 안에서 무슨 일이 벌어지고 있는지 관찰할 수 없다. 결국 군(軍)을 중심으로 구성된 인력이 비밀을 탐색하러 직접 시머 안으로 들어가지만, 들어가는 족족 연락이 두절되고 아무도 생환하지 못한다.

도대체 시머 안에서 무슨 일이 벌어지는 걸까? 군은 또다시 과학자와 전문가들로 이뤄진 탐험대를 꾸리고, 여기에 생물학자이자 전직 군인이었던 리나(내털리 포트먼 분)가 합류한다. 그리고 이 탐험의 끝에 리나만이 살아

돌아온다. 영화는 리나의 진술을 중심으로 시머 안에서 무슨 일이 일어났는지를 구성해간다. 그렇게 밝혀지는 비밀은 시머 안에서는 모든 시그널과 코드가 굴절된다는 것이다. 인간을 비롯한 생명체의 DNA도 당연히 굴절된다. 그래서 생명체가 지구 위에서 유지하던 바로 그 형태로 더는 유지되지 않는 것이다. 전통적인 생물학으로는 전혀 파악할 수 없는 변이가 일어나고, 그건 인간 신체 역시 마찬가지다. 그 변이의 형태는 변형, 복제, 통합, 에코(복제 및 방출) 등 다양하다. 누군가는 내장이 살아 움직이는 형태로 변하고, 누군가는 신체 조직이 곰팡이로 흩어져버리며, 누군가는 목소리가 변형된 형태로 곰에게 흡수된다. 그리고 누군가는 그야말로 식물-인간이 되어버린다. 이건 '식물'을 움직이지 못하는 상태로 규정하는 인간중심적인 은유인 '식물인간'과는 전혀 다르다. 그야말로 역동적이고 생명력 있는 존재로서 식물-인간이다. 그리고 이 변이 과정에서 정신-신체는 일원론적으로 함께 전환된다. 무엇이 다른 무엇을 선도하거나, 뒤쫓는 방식이 아닌 것이다.

영화는 이를 통해 인간이 지구라는 물질로부터 독자적으로 존재한다는 사고방식 자체에 도전한다. 이 작품에서 시머는 인간이 충분히 파악할 수가 없는 초객체(hyperobject)*로 등장한다.(이동현 2017, 246) 여기서 초객체란 "인간에 비해 시간과 공간 속에 거대하게 분포된 사물들"(Timothy Morton, 2013)을 의미한다. 초객체는 천문학적 사물처럼 거대한 물체일 수도 있고, 미세 플라스틱처럼 인간의 감각으로는 식별되지 않지만 분해되는 데 몇백만 년이 걸리는 물체일 수도 있으며, 원자력, 자본주의, 인터넷 등처럼 인간 지각의 범위를 초과해서 존재하는 것들일 수도 있다.

개념을 제안한 티머시 모튼에 따르면 '초객체'는 생태계를 이루는 다양한 핵심 인자들이다. 중요한 건 그가 '생태=자연'이라는 인식을 비판하면서 우리가 가진 자연에 대한 관념과 이미지를 완전히 버리고 "지상의 생명체의 삶과 죽음에 영향을 끼치는 모든 체계"가 생태계임을 이해해야 한다고 강조한다는 점이다. 모튼에 따르면 우리가 생각하고 받아들인 '자연'이란 산업혁명 당시 낭

---

* 한동안 한국에서 티머시 모튼의 hyperobject는 '초과물'이라고 번역되었다. 그러나 신유물론이 '수입'되면서 그레이엄 하먼(Graham Harman) 등 객체 지향 존재론을 말하는 철학자들의 작업이 번역, 소개되었고, 이와 이론적 궤를 함께하는 티머시 모튼의 작업 안에서 hyperobject 역시 '초객체'로 번역되고 있다. 이동현은 2017년 글에서 '초과물'이라고 번역했으나, 이 책에서는 '초객체'로 바꾸어 인용했다.

만주의자들의 글에서 근대적 기원을 찾을 수 있는 수사적 개념이며, 그로부터 확장되어온 '자연 같음'이라는 유사 사실에 대한 지극히 북반구적인 해석일 뿐이다. 그는 '생태적'으로 사유한다는 것은 이런 자연에 대한 관념을 버리는 것이라 설명하고, 이를 '자연 없는 생태학(ecology without nature)'이라고 말한다.(Timothy Morton, 2009) 영화 속 시머는 우리에게 익숙한 바로서의 자연의 이미지에 전혀 부합하지 않고, 인간이 가늠할 수 없는 우주적 스케일에서 지구상에 도달했으며, 도대체 어떻게 작동하는지 알 수 없고 어떤 데이터나 그에 대한 인간적 해석으로도 충분히 포착할 수 없다는 점에서 초객체다.

코로나19 이후 지진이 줄었다는 소식은 인상적이다. 인간 활동이 줄면서 지각 활동이 줄었다는 의미로 해석해 볼 수 있기 때문이다. (그렇다면 코로나 엔데믹 시기에 엄청난 규모의 지진이 일어나고 있는 건 또 어떻게 이해할 수 있을까?) 이는 인간이 비인간 동물들과 연결되어 있는 만큼이나 초객체인 '가이아'(제임스 러브록, 2004) 자체와 인트라-액션(intra-action)*하고 있다는 사실을 보여준다. 그

---

* 인트라-액션이란 페미니스트 철학자이자 물리학자인 캐런 바라드(Karen Barad)가 닐스 보어의 물리학에 기대어 '상호작용(interaction)'이라는 개념을 대체

리고 인트라-액션이란 말에서 이미 드러나듯이, 이는 지구를 향한 인간의 일방향적인 영향이 아니다. 그 역도 강력하게 작용하는데, 지구 역시 인간의 형태와 운동을 결정짓는다. 이건 단순히 지형이나 자연조건에 따라 의식주의 형태가 달라지는 것처럼 문명이 다르게 발달했다는 수준의 의미가 아니다. 인간이 지구가 아닌 다른 어떤 곳에서 발생하여 존재했다면, 신체 자체가 완전히 다른 형태로 등장하여 다른 경로를 통해 진화 혹은 변이하고, 다른 사유 체계를 가졌을 것이란 의미다. 예컨대 〈토털 리콜(Total Recall)〉(폴 버호벤, 1990)에 등장하는 화성 이주민들의 모습을 떠올려볼 수 있다. 그들은 부족한 산소 속에서 노동하며 착취당해 다양한 방식으로 신체가 변형된 노동자이자 피식민자들이다. 영화에서 지구의 자본주의

하기 위해 고안한 용어다. 일반적으로 '상호작용'을 말할 때 우리는 이 상호작용에 선행하는 개별 행위소(agency)가 따로 있고 이들이 상호작용하면서 서로에게 영향을 미친다고 생각하지만, 바라드에게 있어 각 행위소는 상호작용 전에 결정되어 있는 것이 아니라 그 작용과 함께 출현하는 것이다. 즉 인트라-액션이란 개념은 "개별 행위소가 상호작용에 선행하는 것이 아니라 인트라-액션을 통해 출현한다는 것을 인식"한다.(Karen Barad, *Meeting the Universe Halfway: Quantum Physics and the Entanglement of Matter and Meaning*, Durham: Duke UP, 2007, p.33) 인트라-액션에 대해 '내부-작용', '내부적-상호작용', '관계-작용', '간-행' 등의 번역어가 사용되고 있는데, 이 책에서는 번역이 초래할 수도 있는 오해를 피하기 위해 음차 번역하여 사용하기로 한다.

자들은 그들을 '돌연변이'라고 일컫지만, 그건 지구 행성에 사는 인간을 표준으로 삼았을 때나 성립할 수 있는 말이다. 시머에서 생명체가 다른 DNA 구조를 가지는 건 시머가 인간을 파괴해서가 아니라 시머와 인간이 인트라-액션하면서 인간이 변화했기 때문이다. 시머에서 생환한 리나의 말은 이를 정확하게 표현한다. "(시머 안 등대에서 내가 만났던) 그 존재는 우리를 파괴한 것이 아니다. 바꾼 것이다. 그리고 무언가 새로운 걸 만들어냈다(It wasn't destroying. It was changing. It was making something new)."

또 하나 주목할 부분은 개개인이 시머 속에서 변이하는 방식이 다 다르다는 점이다. 개인의 경험과 사고방식, 그리고 그가 지향하는 바가 각기 다른 존재 조합을 만들어낸다는 것은 각 신체화의 특성을 폐기하지 않는 접근이다. 이는 인간을 하나의 동일 집단으로 보지 않고 각자의 개별성을 살려내는 시도로 해석할 수도 있다. 이는 인간의 얼굴을 배타적으로 백인-이성애자-비장애인-남성으로 상상한 뒤 동질의 존재로 묶어내려 했던 근대적 휴머니즘에 대한 비평으로 새겨들을 만하다.

그렇다면 인간은 시머에게 어떤 영향을 미쳤을까? 시머는 인간의 DNA를 흡수함으로써 그 인간의 형상을 그대로 복제하면서 스스로 세포 분열한다. 그렇게 리나의 남편인 케인(오스카 아이작 분)이 복제되어 시머 밖으로 나오고, 리나도 마찬가지로 복제된다. 그리고 리나가 (시머가 자신을 복제한) '미러'를 불태웠을 때, 시머도 함께 불타오른다. 인간과 시머의 '지금'은 이처럼 상호적으로 현전한다.

영화는 관객들에게 외계 존재와 함께 시머가 형성되고 일종의 프리즘으로서 코드를 굴절시키는 것이라고 '해명'한다. 이 순간 영화는 이 복잡하고 아름다운 서사의 가능성을 지우고 1950년대에 등장했던 대표적인 반공 텍스트 〈신체 강탈자의 침입(Invasion of the Body Snatchers)〉(돈 시겔, 1956)*이 되어버린다. 하지만 우리의 문제의식 안에서 비판적이고 적극적인 오독을 시도해보자면, 영화가 제안하는 '외계인의 방문'은 그저 손쉬운 봉합일 수도 있다. 시머는 외계인의 침략이라기보다는 지구의 자정 활동의 시작, 혹은 러브록의 가이아 이론과 인간-

---

* 마일스(케빈 매카시 분)는 마을 사람들이 하나둘씩 바뀌는 것을 보고 무언가 이상하다는 걸 깨닫는다. 겉모습은 전혀 차이가 없는데, 마치 정신만 바뀐 것처럼 모두 딴사람이 되어버린 것이다. 진실은 외계인이 지구를 침략하기 위해 인간의 신체를 하나하나 복제해서 침탈 중인 것. 이 영화는 매카시즘 시대를 대표하는 SF 공포물로 여겨진다. 외계인의 형상이 자유 미국을 침탈한 몰개성의 공산주의자들에 대한 공포를 반영하는 것으로 해석될 수 있기 때문이다.

변이에 대한 업그레이드된 상상력의 소산일 수도 있다. 그렇게 시머는 우리에게 '자연 없는 생태학'을 실천할 가능성을 열어준다.

6장

의존 비판 요청:
의존과 돌봄의 관점으로 본다면

우리는 난잡하게 돌봐야 한다.

—더 케어 컬렉티브, 『돌봄 선언』

영국의 〈이어즈 앤드 이어즈〉가 지금은 흔해진 온갖 파국 서사 중에서도 특별한 작품으로 주목을 받았던 이유는 근대 국민국가라는 '시스템의 파국'을 무대 위로 끌어올렸기 때문이다. 드라마는 과연 우리 시대의 경제체제(자본주의)와 정치체제(대의제 민주주의)가 제대로 작동하고 있는지, 그리고 수많은 이질적인 존재들을 배제하면서 '우리'라는 판타지를 만들어 국가에 복무하도록 만들었던 민족주의의 현주소는 어디인지 등을 살펴보면서, 지금처럼 전 세계가 낡은 질서의 복구를 꿈꾸며 극우화되는 방식으로는 닥쳐오는 파국을 막기는커녕 더욱 악화시킬 뿐이라고 말한다. 그리하여 근대 국민국가의 구성원들로 하여금 '깨인 시민'이 되기를 요청하는 것이다.

하지만 그런 〈이어즈 앤드 이어즈〉의 결말이 2024년 대한민국을 살아가는 이들에게 다소 순진해 보이는 건,

우리가 이미 그런 '깨인 시민'의 봉기를 몇 차례 경험하면서 지금/여기에 도달했기 때문이다. 특히 2016년 촛불 광장을 지나 펼쳐진 정치적 지형과 그 결과로 등장한 검사 정권을 겪으면서 우리는 분명히 깨달았다. 혁명만큼이나 어려운 건 혁명의 의의를 이어가는 것이고, 혁명보다 더 중요한 건 혁명 이후의 시간이라는 것을. 그리하여 반짝 타오르고 마는 '폭죽' 같은 순간을 꿈꾸기보다는 지속 가능한 일상의 변화를 꿈꾸는 이들은 우리가 기대야 하는 인식의 지반으로 '돌봄과 의존'에 주목하기 시작했다. 그것이야말로 일상을 가능하게 하는 구체적인 노동이자 관계 맺기의 방식이기 때문이다.*

그뿐만 아니라 돌봄과 의존을 말하는 건 능력과 자립을 강조하고 각자도생의 생존주의를 '자연'으로 받아들이게 만드는 자유주의 사회에 대한 급진적인 비평이 되기도 한다. 우리 사회에서는 의존을 부정적이고 수치

---

* 이는 비단 한국만의 상황은 아니다. 미국의 계간지 《소셜텍스트(Social Text)》는 2020년 3월 특집으로 "급진적 돌봄(radical care)"을 다루면서 돌봄이 시대정신이 되었다고 진단했다. 이에 따르면 2008년 미국발(發) 금융 위기와 함께 시작된 대침체기 이후 가속화한 전 지구적 우경화 및 2016년 트럼프 정부의 등장과 함께 재발견되고 있는 '돌봄의 가치'가 이런 변화의 중요한 계기가 되고 있다.(Hi'ilei Julia Kawe-hipuaakahaopulani Hobart·Tamara Kneese, "Radical Care", *Social Text* 142 Vol.38, No.1, March 2020)

스러운 상태로 규정하고 의존인을 짐처럼 여기는 분위기가 팽배해서 '돌봄'의 가치를 재발견하는 것까지는 몰라도 '의존'의 당연함을 말하는 건 너무나도 어려운 일이다. 그러나 태어나 생존하고 성장하고 노화하는 과정에서 인간의 삶은 어떻게 유지하든 의존에서 자유롭지 않다. 무엇보다 손상을 장애로 만드는 사회*에서 장애인과 병약자, 노인의 허약함은 "불가피한 의존"으로 즉각적으

---

* 우리는 보통 손상과 장애를 같은 것으로 이해한다. 생물학적 차이인 섹스를 사회적으로 구성된 젠더와 같은 것으로 보는 것과 비슷한데, 이런 사고방식 속에서 '장애'를 문화적으로 구성된 것이 아닌 일종의 생물학적 운명이자 본질적인 것으로 받아들인다. 장애학에서는 이 지점을 비판하고 손상과 장애를 구분하여 다룬다. 이와 관련해서 장애 인권 활동가이자 이론가인 김도현의 『장애학의 도전』을 참고해보자. 1980년 세계보건기구가 발표한 국제 손상·장애·핸디캡 분류(ICIDH)에 따르면 "장애란 신체적인 것이든 정신적인 것이든, 어떤 사람의 몸에 손상(impairment)이라고 간주될 수 있을 만한 이상이 존재하는 것을 말한다. 그렇게 어떤 사람의 몸에 손상이 존재하게 되면, 그 사람은 손상으로 인해 무언가를 할 수 없는 상태(disability)에 빠진다. 그리고 다른 사람들은 할 수 있는 것을 할 수 없게 되기 때문에 결국 그는 사회적으로 불리한 처지(handicap)에 놓이게 된다. 즉 장애란 '손상→장애→핸디캡'이라는 3단계 인과 도식을 통해 규정된다." 이는 일견 논리정연하고 타당한 과정인 것처럼 보이지만, 한 사회가 장애를 구성한다는 현실을 가린다. 김도현은 장애인 이동권을 통해 이 문제를 설명한다. 이 도식에 따르면 다양한 이유로 휠체어를 사용하는 이들이 버스에 탈 수 없는 장애를 경험하는 이유는 순전히 그 사람의 몸에 존재하는 손상이다. 하지만 버스를 탈 수 있는 휠체어 사용자가 있다. 저상버스를 이용하면 가능한 것이다. "그렇다면 '버스를 탈 수 없음'의 원인이 과연 그 사람의 몸에 존재하는 손상이라고 이야기할 수 있을까? (…) 문제의 원인은 그 사람의 몸이 아니라 바로 버스에 있다고 해야 할 것이다." 그러므로 손상이 언제나 장애가 되는 것이 아니라 비장애인 중심 사회의 "특정한 관계 속에서만" 장애가 된다. 비장애인 중심 사회에서 손상을 장애로 구성한다는 것은 이런 의미다.(김도현, 『장애학의 도전』, 오월의봄, 2019, 59~77쪽)

로 이어진다. 에바 페더 키테이(Eva Feder Kittay, 2016)는 이런 의미에서 의존은 돌봄만큼이나 인간의 조건이라고 강조한다. 그는 의존이 있어야 돌봄이 일어난다는 점에 주목하고 이런 상호 일어남의 관계 속에서 의존인을 보살피는 임무를 돌봄 노동이 아닌 의존 노동이라 부른다. 그리고 의존 노동을 하는 이를 의존 노동자, 의존 노동자와 돌봄 대상자 사이의 관계를 '의존관계'라 규정했다.(82-83)

이에 더해 키테이는 이 사회를 능력을 갖춘 이들이 모여 있는 "평등한 사람들의 결사체로 바라보는 시각은 의존, 즉 유아, 아이, 노인, 병약자, 장애인과 같은 공평할 수 없는 의존성을 외면한다"고 강조하고, 이런 '생산성과 능력을 기반으로 하는 평등'이라는 자유주의적 신화에 대한 분석적 작업을 '의존(관점에서 평등) 비판(dependency critique)'이라 불렀다. 의존과 돌봄에 대해 새롭게 생각할 때, 이 세상을 그야말로 지옥으로 만드는 무한 경쟁과 생존주의의 담론에서 벗어날 가능성이 열릴지도 모른다.

우리는 인식론적 전환을 위해서라도 돌봄, 그리고 의존이라는 관점을 이 세계에 더 적극적으로 가져와야 한다. 그리고 2024년 지금, 한국 사회에서 인간 종의 삶을 구성하고 있는 다양한 시스템들에 대한 광범위한 의존 비판을 시도해야 한다. 물론 문화 비평에서도 마찬가지다.

〈퍼펙트 케어〉, 돌봄이 상품이 될 때

제이 블레이크슨(J Blakeson)의 〈퍼펙트 케어(I Care a Lot)〉(2020)는 미국에서 있었던 실화를 바탕으로 한 블랙코미디이면서 동시에 돌봄에 대한 날카로운 통찰을 숨긴 영화다. 영화의 주인공인 말라 그레이슨(로저먼드 파이크 분)은 은퇴자들의 건강과 재산을 관리하는 회사의 CEO인데, 겉으로 보기에는 마치 자선사업이라도 하는 것처럼 보이는 말라의 회사는 알고 보면 일사불란한 한탕털이 기업이다.

이 기업이 일을 처리하는 방식은 다음과 같다. 우선 지역의 한 노인 병원과 손을 잡고 돌봐줄 가족이나 지인이 없는 고립된 노인의 정신 상태에 문제가 있다는 진단서를 끊는다. 그런 다음 가정법원에 그가 법적 후견인이 필요한 상태라며 후견인 지원을 신청하고 말라 본인을 법적 후견인으로 설정한다. 여기까지 진행되면 그다음부터 본격적인 비즈니스가 시작된다. 일단 말라의 회사와 연결된 요양원에 피후견인을 가둔다. 면회도 외출도 모두 금지된다. 외부와의 접촉을 완전히 차단하는 것이다. 약물을 얼마나 투약할 것인가는 물론, 무엇을 급식할 것인가 등도 말라의 판단에 전적으로 달려 있다. 그리고 이 관리 비용을 충당한다는 구실로 시설에 수용된 노인의 집과 실물 자산을 처분하기 시작한다. 은행 계좌가 말라의 손에 들어가는 것은 당연한 수순이다. 흥미로운 건 이 모든 것이 '성년 후견인 제도'라는 이름 아래에서 합법적으로 이뤄진다는 점이다.

영화를 연출한 제이 블레이크슨은 한 인터뷰에서 "이 작품은 후견인 제도와 피후견인을 먹잇감으로 삼는 약탈적 후견인들에 대한 뉴스에서 시작되었다"[*]고 말했다. 이 영화의 드라마는 허구지만 후견인 제도의 허점에 대한 경각심을 준다는 점에서 함께 생각해볼 필요[**]가

---

[*] Samuel Spencer, "'I Care a Lot': The Shocking True Stories Behind the Netflix Movie", *Newsweek*, 02/24/2021. https://www.newsweek.com/i-care-lot-real-life-true-story-marla-grayson-1571600(검색일: 2021년 10월 15일)

[**] 한국에서는 윤정희 씨 가족과 백건우 씨 사이의 법적 분쟁 및 #freeBritney 운동을 계기로 성년 후견인 제도의 명과 암이 대중적으로 알려지기 시작했다. 성년 후견

있고, 다른 한편으로는 팽창하고 있는 돌봄 시장 문제를 은유적으로 비판한다는 점에서도 주목할 만하다. 영화의 원제 "I care a lot"은 중의적인 의미를 지닌다. 말라는 외부에 "나는 정말 많이 돌본다, 진심으로 신경을 쓴다"라고 과시하지만, 실제로 말라가 많은 관심을 가진 것("care a lot")은 돈이다. 자본이 지나치게 많이 돌보는 지금/여기는 오히려 "돌봄의 부재, 즉 무관심(carelessness)이 지배"하는 시대이며, 기업이 돌봄 세탁(carewashing)을 통해 합법적이고 윤리적인 기업 이미지를 만들어 갈취하는 세계다.(더 케어 컬렉티브 2021, 10-28) 점점 더 커지는 돌봄 공백 속에서 이제 '돌봄'을 돈밭으로만 보는 기업이 그 공백에 들어섰다. '돌봄'을 사회와 공동체가 공동으로 책임져야 할 것으로 보지 않는 사회에서 돌봄은 각자도생하는 개인이 '돈을 주고 사야만 하는 것'이 되었고, 그와 함께 돌봄 안에서의 양극화가 심해지고 있다. 이렇게 '케어', '돌봄'이 상품이 되고 관련 시장이 열린 뒤 취약한 존

인제도는 확실히 돌봄이라는 주제 의식과 맞닿아 있는 문제다. [법적 후견인이었던 아버지로부터 자유와 권리를 되찾는 브리트니 스피어스의 싸움에 대해서는 넷플릭스 다큐멘터리 〈브리트니 vs 스피어스〉(2021)를 참고할 수 있다.] 넷플릭스 오리지널 드라마 〈무브 투 헤븐〉(2021)은 성년 후견인 제도와 돌봄을 넌실하는 흥미로운 드라마다. 특히 돌봄의 상호 의존성을 다루고 있다는 점에서 살펴볼 만하다.

재들을 공격하는 사기꾼이 등장하는 건 어쩌면 자연스러운 수순이다. 그런 사기꾼들에게 돌봄을 먹잇감으로 던져줌으로써 시스템은 그 약한 고리를 착취한다. 정작 돌봄 노동, 가사 노동은 '진짜 노동'으로 오랫동안 인정받지 못했고 그러므로 저임금, 불안정 노동으로 머물러왔다.[*]

다시 영화로 돌아가 보자. 백전백승일 것 같던 말라 앞에 위기가 닥쳐온다. 타깃을 잘못 잡은 것이다. 서류상으론 아무런 연고자가 없는 여성 노인 제니퍼 피터슨(다이앤 위스트 분)을 골라 작업에 들어갔는데, 알고 보니 제니퍼 피터슨에게는 한 달에 한 번, 꼬박꼬박 어머니를 찾아오는 아들 로만(피터 딘클리지 분)이 있었다. 그는 러시아 마피아 출신으로 조직을 엄청나게 키웠고, 이제는 미국에서 합법적인 사업체를 운영하는 기업가다. 제니퍼 피터슨의 서류가 깨끗했던 이유는 '지극 정성으로 어머니를 돌보는' 아들 로만이 자신의 과거 전력 때문에 어머니와의 관계를 공식화할 수 없었기 때문이다. 이제 말라

---

[*] 한국에서 가사 노동이 노동의 지위를 얻은 것은 2021년이다. 이완, 「'투명노동' 벗어나 이제 '플랫폼 노동자'로⋯ 가사근로자법 공포」, 《한겨레》, 2021.06.08. https://www.hani.co.kr/arti/politics/bluehouse/998520.html(최종 검색일: 2023년 8월 14일)

가 요양원에 가둬놓은 어머니를 되찾으려는 마피아 보스와 백만장자가 되지 않으면 의미가 없다고 생각하는 사기꾼 CEO 사이의 쫓고 쫓기는 난투극이 벌어진다. 말라는 '적당한 돈'으로는 절대 타협하지 않고 끝까지 자신에게 허락된 것보다 더 많은 돈을 요구한다. 그런 말라에게 로만은 자비를 베풀 마음이 없다. 이 팽팽한 경쟁 속에서 두 범죄자 사이의 싸움은 과연 어떻게 될까?

결론은 말라의 승리다. 말라는 우여곡절 끝에 로만을 금치산자로 만들어 자신이 그의 법적 후견인이 된다. 말라는 로만 앞에 후견인 지정 서류를 들고 흔든다. "내 말대로 돈을 내놓지 않는다면, 당신도 당신 어머니처럼 평생 요양원에 갇히는 처지가 될 것이다." 로만은 제안을 거절한다. 그리고 다른 안을 꺼내놓는다. "나의 자본과 당신의 수완을 합쳐 동업합시다." 그렇게 거대한 돌봄 기업이 탄생한다. 법적 후견을 담당하는 모기업을 중심으로 전국 체인의 요양원, 노인 병원, 제약 회사가 설립된다. 그렇게 의존하고 돌보는 일은 편재하는 돌봄 시장으로 포섭되어버린다.

〈퍼펙트 케어〉는 일견 성공을 위해 물불을 안 가리는 알파걸과 자신이 대단한 효자라고 믿는 마피아 두목

사이의 신나는 한판승부처럼 보이지만, 의존과 돌봄의 관점에서 들여다보면 완전히 다른 작품이 된다. 영화는 돌봄이 무가치하게 여겨지는 시대에 오히려 돌봄이 거대한 블루오션이 되는 모순을 정확하게 보여주고, 그 모순 속에서 펼쳐지는 21세기 자본주의의 지옥도를 그려낸다. 우리 앞에는 '노동력'이 아닌 '인간' 자체를 자원으로 착취하는 세계가 열렸다. 자, 어떻게 할 것인가?

"죽이는 노동"까지 여성의 몫

〈퍼펙트 케어〉는 돌봄 공백을 주제로 삼았으나 돌봄 공백이 초래하는 공포와 불안을 다루는 작품은 아니다. 관객들은 좀 더 편안하게 이 '사기극'을 즐기고, 종내에는 사기꾼 말라가 처단당하는 모습을 보며 카타르시스를 느낄 수 있다. 그런데 스스로를 "암사자"라고 칭하고 "내가 여자라고 위협하는 X도 없는 새끼들 하나도 겁 안 난다"라고 '으르렁'거리던 말라가 한 백인 중년 남성에게 살해당하는 결말은 젠더 재현의 관점에서 보자면 다분히 논쟁적이다. 이 백인 남성은 말라에게 '강탈'당한 어머니를 찾기 위해 고군분투하던 사람으로 영화의 오프닝과 엔딩을 장식한다. 말라는 2020년대의 안티-페미니스트 백래시가 상상하는 '페미니스트 형상'인 걸까? 그러므로 저기 창고에 수없이 쌓여 있는 가부장제 서사들이 그러했던 것처럼 〈퍼펙트 케어〉는 지금/여기에서 펼쳐진 지옥을 "쌍년(bitch)"들 탓으로 돌리고 "생각하고 말하고 설치"는 여자인 말라를 응징함으로써 정의를 구현한 것일까? 그게 아니라면 영화는 오히려 말라에게 침을 뱉고, 강간당하라며 저주를 퍼부으며, 끝끝내 총질하는 '레드넥(redneck)'*을 비아냥거리며 조롱하고 있는 것인가? 게다가 남자는 트럼프 지지자를 떠올리게 하는 빨간 모자를 쓰고 있다.

더 케어 컬렉티브는 『돌봄 선언』에서 이렇게 무관심이 지배하게 된 것은 기본적으로 '돌봄'을 가치 없는 부불노동으로 만들어온 사회 때문이라고 지적한다. 돌봄을 인간 모두의 가치가 아니라 여성의 가치로만 축소한 뒤, 그것이 여성의 일이기 때문에 또 폄하하는 문화가 있

---

* 레드넥은 '빨간 목'을 의미하는데, 밖에서 햇빛을 맞으며 육체노동을 하는 남성 노동자들을 비하하는 말이다. 이들은 1980년대 미국의 신자유주의화 이후 급격하게 보수화되있는데, 2016년 미국 대선에서는 트럼프 지지 세력의 중심 인구로 주목받았다.

었다는 것이다. 우리 사회는 돌봄을 그렇게 무가치한 것으로 만들면서 비용 지불 없이 특정 성별, 특정 인종에게 강요해왔다. "의존 노동이라는 고단한 삶과 중압감은 성(sex)과 인종(race)으로 점철된 돌봄의 역사와 함께"하는 것이다.(에바 페더 키테이, 2016) 의존 노동 대부분의 짐을 여성이 짊어지는 건 가부장제 전통과 성차별주의의 유산임과 동시에 "여성의 몸을 돌보는 건 남성에게 부적절하다는 성적 금기의 산물"(26)이다. 이렇게 돌봄 노동이 여전히 성별화, 인종화되어 있을 때 "우리 어머니는 내가 모실 수 있다"며 외치는 남성의 형상은 모순적이기도 하고 현실적이기도 하다. 그는 돌보지 않기 때문에 "내가 돌볼 수 있다"고 주장할 수 있는지도 모른다.

말라는 지금/여기를 휘감은 페미니즘 제4물결 속 대중을 만족시킬 만한 강한 여성 캐릭터다. 하지만 이런 힘 있는 (그리고 레즈비언인) 여성 캐릭터가 돌봄 공백이 초래한 비인도적 시장의 '암사자-포식자'로 그려지는 것은 어딘가 석연치 않다. 전통적인 공동체에서 돌봄을 담당하던 여성들이 페미니즘의 수혜 속에서 재생산 노동을 '팽개친 채' 생산노동에 뛰어들었고, 그것이 공동체의 붕괴를 초래했으며, 백인 여성이 해야 할 노동을 저렴한 가격으로 유색인종 여성에게 전가했다는 식의 비난은 1980년대 이래로 페미니즘과 여성들을 공격하는 백래시 담론의 단골 메뉴였다. 그럼에도 불구하고 어쨌거나 돌보는 일은 여전히 여성의 몫이다. 이 영화가 어느 위치에 있는지, 감독의 정확한 의도를 파악하는 건 불가능할 것이다. 하지만 영화가 비인도적 여성 약탈자와 돌보고자 하는 아들들을 배치하는 방식은 아무래도 의심스러운 방식으로 주목을 끌며, 의도와 무관하게 영화가 의식적 혹은 무의식적으로 암시하는 이 문제에 대해서 우리는 좀 더 정치(精緻)하게 사유할 필요가 있다. 돌봄이 성별화된 사회에서는 돌봄 공백 역시 성별화된 방식으로 상상되기 때문이다.

이런 문제를 명시적으로 보여주는 영화가 〈죽여주는 여자〉(이재용, 2016)다. 주인공 소영(윤여정 분)은 종로 일대에서 노인들을 상대하며 성매매를 하며 근근이 살아가는 65세의 '박카스 할머니'다. 노인들 사이에서는 '죽여주게 잘하는' 여자로 입소문을 얻으며 '박카스'들 중에서 가장 인기가 높다. 트랜스젠더인 집주인 티나(안아주 분), 장애가 있는 가난한 성인 피규어 작가 도훈(윤계상 분), 성병 치료 차 들른 병원에서 만나 무작정 데려온 코

피노 소년 민호(최현준 분) 등 이웃들과 함께 힘들지만 평화로운 나날을 보내던 중, 한때 자신의 단골 고객이자 뇌졸중으로 쓰러진 송 노인(박규채 분)으로부터 자신을 죽여달라는 간절한 부탁을 받는다.

병원에 입원해 있는 송 노인은 그를 돌봐줄 이가 아무도 없다. 하나 있는 아들은 해외에 거주하고, 한국에 들어왔을 때 병원에 잠깐 들를 뿐 그를 돌보는 모든 일을 병원과 간병인에게 일임해놓은 상태다. 고민 끝에 소영은 그를 '진짜로 죽여주게' 된다. 그 일이 소문이 나면서 하나둘, 사는 것이 서글픈 사람들이 그에게 생을 마감하는 일을 부탁하기 시작한다. 하나같이 홀로 남겨진 남성 노인들은 몸이 성하지 않거나 정신이 성하지 않다. 영화를 사로잡는 절망은 여성들이 모든 돌봄 노동을 짊어지던 전통적인 공동체의 와해로부터 비롯되었다. 여자들은 그 몰락으로부터 살아남았다. 그러나 남자들은 그렇지 못하였다. "자기 돌봄 능력이 전무한 사람"으로 살아왔기 때문이다.*

---

* 김영옥의 아름다운 인터뷰집 『늙어감을 사랑하게 된 사람들』에는 '서울 성북구 고령 친화 맞춤형 주거관리 서비스 사업단'의 김진구 씨 인터뷰가 수록되어 있다. 그는 여성 노인과 남성 노인이 "일상을 살아가는 방식"에서 많이 다르고, 여성 노인에 비해 남성 노인들이 황폐한 삶을 살고 있다고 언급한다. 그러면서 남자인 자신의

이 영화에서 돌봄은 기본적으로 여성의 일로 묘사된다. 영화는 때로 "죽는 것조차 자기 손으로 하지 못하는 남자"들에 대한 조롱으로 해석되기도 하지만, 무엇이 되었건 간에 성별화된 노동을 자연으로 전제하는 것은 문제적이다. '외국인 여성'의 아들에 대한 마음, '트랜스젠더 여성'의 돌봄 노동, 노년의 '성 판매 여성'이 심지어 "죽이는 노동"을 하는 것까지 여성성에는 돌봄 DNA가 자연스럽게 부착된 것처럼 영화는 그린다. 이런 성별화된 돌봄을 둘러싼 영화의 성차별적인 태도는 송 노인의 아들 가족이 재현되는 방식과 만나면서 명확해진다. 아들 가족이 송 노인을 병원에 방치하는 것, 그리하여 송 노인이 죽음보다 더한 외로움을 견뎌야 하는 것은 결국 며느리가 자신에게 부여된 돌봄 노동을 거부했기 때문임이 명백하게 그려지는 것이다. 숭고한 돌봄을 실천하는 주변화된 여성과 돌봄의 의무를 방기한 타락한 중산층 여성의 대비는 유치할 정도다. 이런 식의 이미지 정치를 통

미래 역시 앞당겨 보게 되었다는 것이다. 김영옥은 그런 차이를 만들어낸 원인 중 하나로 돌봄 경험의 유무에 주목하고 "남성 독거노인들이 '서로 돌봄'이나 '함께 돌봄'까지는 아니더라도 '자기 돌봄'의 기술만큼은 어떻게든 습득할 수 있는 방향으로 한국 사회가 전환해야 한다"고 제안한다.(김영옥, 『늙어감을 사랑하게 된 사람들』, 위즈덤하우스, 2023)

해서 시민들에게 부불 노동으로서의 돌봄 노동을 착취하는 것은 자본주의적-가부장제가 영원토록 지속해온 일이다.

이런 의미에서, 최근 〈소공녀〉(전고운, 2018), 〈82년생 김지영〉(김도영, 2019), 그리고 〈찬실이는 복도 많지〉(김초희, 2020) 등 여성 감독의 영화에서 돌봄이 적극적으로 재현되고 탐색된다는 점이 흥미롭다. 이 영화들은 여성이 돌봐온 역사를 폄하하거나 폐기하지 않은 상태에서 여성이 돌봄 노동과 맺고 있는 복잡한 관계를 자기만의 방식으로 탐구한다. 〈82년생 김지영〉은 여성의 독박 육아와 경력 단절로 이어진 성별화된 돌봄을 비판적으로 다루면서도 돌봄의 생산성을 놓치지 않는다. 〈소공녀〉와 〈찬실이는 복도 많지〉에서 돌봄은 자신의 삶을 스스로 건사할 수 있는 어른의 조건이자 관계를 가능하게 하는 삶의 기술로 그려진다. 그렇다고 해서 '정상 가족' 안에서 여성에게 강요되는 돌봄 노동의 모순을 긍정하는 것은 아니다.* 사실 이런 재현의 세심한 결은 돌봄에 대해 몸으로

---

* 〈82년생 김지영〉과 〈찬실이는 복도 많지〉가 돌봄에 주목하는 방식에 대해서는 손희정의 『당신이 그린 우주를 보았다』(마음산책, 2021)를, 〈소공녀〉 속 돌봄 재현에 대한 전고운 감독의 생각에 대해서는 한국여성노동자회가 기획한 『을들의 당나귀 귀 2』(후마니타스, 2022)를 참고할 수 있다.

부딪쳐 고민해본 이들만이 포착할 수 있는 것이다.

〈아임 유어 맨〉이 그린 '인간성'

우리 인간들은 자신과 닮았지만 다른 존재들을 세워놓고 도대체 무엇이 인간을 인간으로 만드는지, 그리고 인간이 아닌 것에는 도대체 어떤 '인간적인 자질'이 누락됐는지를 두고 끊임없이 사고실험을 한다. 나르시시즘이야말로 가장 인간적인 자질이 아닌가 싶을 정도다. 그런 사고실험의 대상은 동물을 비롯한 다양한 자연물이기도 했고, 두려움을 불러일으키는 괴물이기도 했으며, 때로는 신적 존재이기도 했다. 그리고 지금은 AI와 같은 포스트휴먼 형상이 가장 큰 인기를 누리는 비교군이 되었다. 대중 SF 서사들은 포스트-휴먼한 관심사 안에서 인간다움에 대한 탐색을 반복하고 있는 것이다.

최근에는 이런 탐색 과정에서 의존과 돌봄의 문제가 고려되기 시작했다. 특히 2010년대 중반 이후, 영화 속에서나 등장하는 강인공지능*이 어쩌면 현실화할지도 모른다는 기대가 각종 AI 상품들의 등장과 함께 높아지면서

AI의 성과 사랑, 출산, 관계 맺음 등에 대한 대중 서사의 상상력이 풍부해지기 시작했고, 이는 필연적으로 의존과 돌봄의 테마를 내포하고 있기 때문이다. 그래서 포스트휴먼 서사를 의존 비판의 관점에서 다루면 또 새로운 해석이 가능해진다. 예컨대 인간과 AI의 가슴 시린 사랑 이야기로 여겨졌던 〈그녀(Her)〉(스파이크 존즈, 2014)는 의존과 돌봄의 관점에서 본다면 남성 유저의 모든 것을 돌보는 여성형 비서 서비스의 이야기가 된다. 이와 비슷하게 여성 사용자의 모든 것을 돌보려고 하는 남성형 파트너 서비스의 이야기도 있다. 마리아 슈라더(Maria Schrader)의 〈아임 유어 맨(Ich bin dein Mensch)〉(2021)이다. 그런데 두 작품은 감독이 의존과 돌봄을 어떻게 이해하고 있는가에 따라서 완전히 다른 재현을 보여준다.

〈아임 유어 맨〉의 주인공인 인류학자 알마(마렌 에거트 분)는 결혼, 직업, 인권, 시민권 등의 의미를 새롭게 쓰게 될 역사적인 실험에 참여 중이다. 바로 '완벽한 배우

---

* 강인공지능(strong A.I)은 약인공지능(weak A.I.)과 대비되어 등장한 개념이다. 지금 우리 생활에 함께하는 시리, 빅스비, 알파고 등 인간이 지시하는 특정한 과업을 수행하는 약인공지능과 달리 강인공지능은 인간과 구분할 수 없는 정신적 과업을 수행할 것으로 기대된다. 강인공지능이 현실화될 것인가는 논쟁적이고, 이는 아직까진 개념적으로만 존재한다. 우리가 SF에서 흔히 만날 수 있는 인간과 구분 불가능한 인공지능 로봇들이 강인공지능을 탑재하고 있다.

자'로 설계된 휴머노이드가 과연 인간 파트너를 대체할 수 있나 하는 것. 알마가 일하는 대학에서는 제품이 시판되면 발생할 문제들을 살피기 위해 법학, 인류학 등 다양한 분야의 전문가들에게 자문을 구한다. 이 실험에 자원한 전문가들은 로봇과 3주간 동거한 후 감정서를 제출해야 한다. 베를린 '박물관섬'에 위치한 페르가몬 박물관에서 고대 언어의 시와 은유를 연구하는 알마는, 자신의 연구비를 충당하기 위해 어쩔 수 없이 이 일을 떠맡았다. 인간 파트너가 있는 다른 동료들과 달리 알마가 싱글이라는 것 역시 이 일을 회피할 수 없는 이유 중 하나다. 하지만 알마는 '맞춤형 로맨스 파트너' 톰(댄 스티븐스 분)의 존재가 영 마음에 들지 않는다. 알마의 뇌 스캔 데이터를 포함해 방대한 데이터를 바탕으로 설계된 톰은 외모는 물론이거니와 패션 감각, 와인이나 문학 취향, 그리고 종교에 대한 철학까지 어디 하나 흠잡을 곳 없지만, 알마에게는 실험 대상일 뿐 감정을 교류하는 애정의 대상으로는 다가오지 않는 것이다. 그런 알마가 톰과 사랑에 빠지는 데 걸린 시간은 단 사흘이다.

영화는 "인간이 로봇과 사랑에 빠질 수 있을까?" 혹은 "사랑이란 과연 무엇인가?"를 질문하는 것처럼 포장했지만, 실제로는 이 영화 역시 '인간성'의 문제를 탐구한다. 톰에게 마음을 열고 하룻밤을 함께 보낸 알마는 다음 날 아침 톰을 위해 "온도가 알맞은" 삶은 달걀을 만들다 눈물을 흘린다. 이 관계가 "관객 없는 연극"이라고 생각했기 때문이다. 찰나와도 같던 화양연화의 끝에 알마는 톰을 떠나보낸다. 그리고 감정서를 작성한다.

파트너 로봇은 욕망을 채워주고, 고독을 쫓아주고, 우리를 행복하게 해줍니다. 하지만 인간성의 원천은 갈망을 가지고 불안을 견디는 것 아닐까요? 버튼 하나로 우리의 욕구를 채울 수 있다면 누가 자기 자신에게 맞서고 갈등을 견디며 스스로 더 나은 존재가 되어갈까요?

사실 알마의 평가는 대단한 용기가 필요한 일이다. 영화 초반부터 강조되지만, 그의 지극한 슬픔이자 근원적인 두려움은 "혼자서 쓸쓸하게 죽는 것"이다. 그러므로 알마에게 톰이 약속하는 배반 없는 파트너십, 영원한 사랑은 거부하기 힘든 유혹이다. 하지만 바로 그 이유로 알마는 톰과의 관계가 '인간적이지 않다'고 평가한다.

다가올 미래에 어떤 법적, 도덕적 지위를 획득할지

알 수 없으나 아직까지는 인간 유사품 이상의 지위를 얻지 못한 AI와의 불-가능한 사랑을 다루는 또 하나의 작품이 앞에서도 언급한 스파이크 존즈의 〈그녀〉다. 두 작품은 서로 닮았지만, 의존과 돌봄이라는 관점으로 보면 완전히 달라진다.

〈그녀〉에서 아내와 별거하고 사무치게 외로운 시어도어(호아킨 피닉스 분)는 AI 컴퓨터 운영체제인 서맨사(스칼릿 조핸슨 분)를 만나 운명 같은 사랑에 빠진다. 하루, 24시간, 시어가 원한다면 언제든지 블루투스 이어폰을 통해 그와 함께하는 서맨사는 시어의 일상을 챙길 뿐 아니라 각종 잡무를 처리해주고, 그의 메모들을 한 권의 책으로 묶어 출판사에 출간 제안서를 보내는 고난도의 창작 작업까지 도맡아 한다. 서맨사는 똑똑하고 발랄하다. 동시에 아직 인간 세계를 충분히 배우지 못했기에 때로는 '순수한 소녀' 같기도 하다. 이토록 '완벽'할 수가 없는 애인이다.

하지만 시어와 알마는 다르다. 시어는 알마가 톰을 거절했던 바로 그 이유로 서맨사를 원한다. 서맨사는 껄끄러울 게 없기 때문에 완벽한 존재인 것이다. 〈그녀〉에 등장하는 인간 여자들은 대체로 자존감이 낮거나 침울하고, 과도하게 관계에 집착한다. 다들 시어의 눈에는 어딘가 이상하고 불완전하다. 그런 여자들이 지긋지긋해진 상황에서 서맨사만이 시어가 원하는 방식으로 말하고 생각하고 행동한다. 그는 자신이 제공하는 데이터에 따라 스스로 유저-맞춤형으로 발달해가는 서맨사와 함께 자신만의 갈라테이아*를 조각한 셈이다. 더군다나 이 '진짜 사랑'은 "버튼"을 언제든지 마음대로 껐다 켰다 할 수 있다. 알마는 톰의 인간성을 부정하면서도 종내에는 '인간-아닌' 존재로서 톰을 존중하게 되었지만, 시어는 오히려 서맨사를 하나의 존재로 인정하지 않아도 되었기에 '그녀'를 사랑할 수 있었다. 시어가 그러하였으므로 서맨사도 결국 정보처리 속도가 떨어지는 시어를 떠난다. 시어에게 배운 사랑에는 배려와 인내란 단어가 없었다.**

〈그녀〉가 시어와 서맨사라는 자율적인 주체를 상정

---

* 갈라테이아는 사이프러스의 조각가 피그말리온이 조각한 '상아 처녀'의 이름이다. 자신이 창조한 조각상을 사랑한 피그말리온이 왜 조각을 시작했는지 기억할 필요가 있다. 그는 성적으로 타락한 사이프러스의 여자들을 견딜 수가 없었다. 갈라테이아는 현실의 여자들에 대한 염오(厭惡)를 담아 "나만의 창조물"을 만들고자 했던 남성중심적 욕망의 결과이며, 대중 서사에서 여성형 AI가 구현하는 남성 판타지는 많은 경우 노골적으로 여성혐오적이다.

** 영화 〈그녀〉의 젠더 재현에 대해서는 손희정, 「로봇은 젠더 플루이드를 꿈꾸는가」, 구본권 외, 『4차 산업혁명 시대, 인문학에 길을 묻다』, 이화여자대학교 이화인문과학원, 2018 참고.

한 뒤 섬처럼 고립된 두 존재의 '뜨거운 사랑'을 탐색한다면, 〈아임 유어 맨〉은 서로가 서로에게 의존해야 하는 복잡한 사회적 관계망 안에서 '동반자 관계'를 탐색한다. 그러면서 돌봄의 문제를 다루는 방식 역시 달라지는데, 전자가 돌봄 노동을 사랑이라는 말로 가리는 반면 후자는 돌보는 일의 일상성을 포착하고, 이를 통해 존재들 사이에 등장할 수밖에 없는 불편함과 갈등, 고통 등 부정성의 문제를 사유한다. 알마는 사적인 공간에 침입해 들어온 톰의 신체적 현전을 받아들여야 하고*, 또 치매를 앓는 아버지를 보살펴야 한다. 아버지는 알마에게 "혼자 죽는 두려움"을 매순간 환기하는 존재이면서, 돌봄의 의무를 실천하게 만드는 대상이고, 알마 본인 역시 한때 아버지에게 의존할 수밖에 없었던 취약한 존재임을 보여주는 증거다. 톰을 아버지에게 소개하러 데려간 날, 알마는 아

---

* 알마가 처음 톰을 집으로 데려왔을 때, 톰에게 기거할 방을 안내한다. 톰은 "우리는 각방을 쓰는 건가요?"라고 질문한다. 반려 로봇으로서 당연히 같은 침대를 사용하리라 기대했던 것이다. 알마는 표정으로 완고하게 "그렇다"는 뜻을 전하고 톰은 자신의 방에 짐을 푼다. 톰을 문간방에 두고 자기 방으로 돌아온 알마는 조심스럽게 방문을 잠근다. 이는 흥미로운 설정이다. 톰의 신체의 현전이 불편하고, 또 한편으로 위협이 된다고 느꼈다면, 알마는 얼마든지 톰의 버튼을 끌 수도 있었을 것이다. 그러나 알마는 그렇게 하지 않았다. 이 영화가 톰의 몰질성을 강조하는 방식은 〈그녀〉가 서맨사의 비물질성을 강조하는 방식과 대조된다.

버지에게 농담처럼 말한다. "아버지, 자꾸 말 안 들으시면 이 로봇을 간병인으로 두고 아버지와 함께 살게 할 거예요." 스치듯이 지나가는 이 대사는 알마의 은밀한 욕망일지도 모른다. 하지만 알마는 톰을 떠나보낼지언정 그에게 그 '성가신 존재'를 떠넘기지 않는다.

그건 어쩌면 의존하고 돌보는 일이야말로 알마가 감정서에 써내려간 인간성의 핵심이기 때문일지도 모른다. 『돌봄 선언』은 '돌봄'을 의미하는 영단어 care의 어원인 caru에 "관심, 걱정, 슬픔, 애통, 곤경"의 의미가 담겨 있음을 강조한다. "이는 살아 있는 생명체의 요구와 취약함을 전적으로 돌본다는 것, 그래서 생명의 연약함과 직면하는 것은 어렵고 지치는 일이 될 수 있다는 현실을 반영한다."(57) 영화는 인간이 스스로를 연장해 다른 존재와 기어코 연결하는 그 곤란, 그 부정성의 가치를 담고 있는 것으로서 돌봄을 조망한다.

〈메종 드 히미코〉의 '선택 가족'

적절한 시기에 찾아온 아름다운 선언문인 『돌봄 선언』

은 모든 돌봄을 기업이 아니면 핵가족 구성원 개인이 감당하도록 떠맡기는 것을 떠나서, 좀 더 다양한 형태의 가족, 서로서로가 돌볼 수 있는 공동체를 상상하고 실천하자고 제안한다. 이는 너무 순진하고 이상적인 제안처럼 다가올지도 모르겠다. 그러나 역사 속에서 이런 예는 어렵지 않게 발견된다. 『돌봄 선언』은 그 예로 "선택 가족(families of choice)"을 언급한다.

> 이 용어는 제2세대 페미니즘과 함께 일어났던 성소수자들의 정치적 운동과 관련하여 처음 생겨났다. 원래는 아이 돌봄보다는 생물학적 가족은 아니지만 친밀한 관계를 일컬었는데, 특히 성소수자 커뮤니티 구성원들에게 가장 의미 깊은 말이었다. 선택 가족은 비규범화된 성이나 젠더를 표방하는 사람들이 가족으로부터 거부당하자 생겨났고 지금도 생겨나고 있다. 성소수자들은 '게이 동네'로 이사 가서 그들의 돌봄에 대한 필요를 충족시키는 친구나 연인과 함께 살면서 가족 같은 관계를 만들었다. 이는 필요에 의한 것이었지만 돌봄과 친밀함의 관계를 법으로 규정된 이성애 관계를 넘어선 범주로 확장하려는 급진적인 게이 해방 운동의 일부로 옹호되었다.(더 케어 컬렉티브 2021, 70)

책에서도 언급하고 있는 것처럼 꼭 성소수자 커뮤니티가 아니라 하더라도, 21세기에 들어서 점점 선택 가족의 수가 늘어나고 있다. 영국의 사회학자 사샤 로즈닐(Sasha Roseneil)과 셸리 버전(Shelley Bedgeon)은 선택 가족 연구의 끝에 "'친구'가, 우리가 생각하는 돌봄 제공자의 원형으로서의 '어머니'를 대신할 수 있고, '친밀함과 돌봄의 네트워크'가 관계의 기초 단위로서의 가족을 대신할 수 있다고 주장"했다. 더 케어 컬렉티브는 이것이 "본 선언문의 정신과 완벽하게 일치한다"(70)고 쓴다. 이런 선택 가족의 형상은 다양한 영화에서 만나볼 수 있지만 21세기 초에 일본에서 제작된 〈메종 드 히미코(メゾン・ド・ヒミコ)〉는 선택 가족이라는 이상의 원형을 제공한다는 점에서 언급할 만하다.

오래전 어머니와 자신을 버리고 떠나버린 게이 아버지를 증오하는 사오리(시바사키 고 분). 경제적으로 어려운 그녀에게 어느 날 젊고 아름다운 청년이 찾아온다. 그는 아버지의 연인 하루히코(오다기리 조 분)다. 하루히코는 사오리의 아버지 히미코(다나카 민 분)가 암에 걸려 살날이 얼마 남지 않았음을 알리고, 사오리에게 아버지가 만든 게이들을 위한 실버타운에 와서 일을 도울 것을 부탁한다. 아버지의 존재 자체를 부정하고 살아왔으나 경제 상황 때문에, 유산을 받을 수 있으리란 얘기에, 그리고 마음속에 남아 있는 그리움과 원망 때문에 사오리는 결국 매주 한 번씩 '메종 드 히미코'로 출근하기로 한다. 그리고 돌아온 일요일 아침, '메종 드 히미코'의 문을 두드린다. 그곳에는 '오카마'라 불리는 성소수자들이 함께 살고 있다. 남성 동성애자, 트랜스젠더 여성, 크로스드레서 등 다양한 정체성의, 다양한 사연을 가진 사람들이 복작거리고 있는 곳 '메종 드 히미코'. 사오리는 처음에는 이곳이 불편하고 영 마음에 들지 않지만, 그들과 함께하는 시간이 늘면서 그들의 사연에 귀를 기울이고 그들의 사정을 이해해간다.

'메종 드 히미코'는 원가족들에게 돌봄을 요구할 수도 없고 받을 수도 없는 이들의 공동체, 그들이 모여 만든 선택 가족이다. 그들은 그 안에서 상호 돌봄을 실천할 수 있고, 무엇보다 누구도 "내가 아닌 존재"로 살아갈 것을 강요당하지 않는다.* 이런 '메종 드 히미코'에도 여러

---

* 물론 "상호 돌봄의 세계는 한집 안에만 존재하지 않는다." 김순남은 퀴어 가족정치학을 탐구하는 『가족을 구성할 권리』 4장에서 "'함께 살아간다'는 것은 단순히 한 공간에 거주하는 것뿐만 아니라 한 지역, 또는 가까운 곳에 상호돌봄이 가능한 '누군가가 있는 심리적인 상태까지도 포함한다"고 설명한다. 특히 사회적 소수자의 경우

어려움이 닥치는데, 지역 주민들의 혐오를 견뎌야 할뿐더러 경제적인 어려움에도 처한다. 개인들의 의지로 세운 공동체만으로는 충분하지 않은 것이다. 사회적인 안전망은 마지막 한 사람까지 빠져나가지 않도록 촘촘하게 짜여야 한다는 사실을 고민하고, 어떻게 국가가 "돌보는 국가"의 역할을 할 수 있을지 살펴봐야 하며, 돌봄은 개인적 윤리의 문제가 아니라 사회와 국가의 윤리가 되어야 한다는 것을 보여주는 셈이다.

최근 한국에서는 '가족구성권' 개념을 중심으로 국가의 역할과 제도의 필요를 강조하는 논의들이 활발해지고 있다. 주목할 만한 활동을 펼치고 있는 가족구성권연구소는 가족구성권을 "다양한 가족의 차별 해소와 모든 사람이 원하는 가족·공동체를 구성하고, 차별 없는 지위를 보장받을 수 있는 권리"로 정의한다. 김순남(김순남 2022, 7-10)은 이 정의 자체에서 "가족과 가족 사이에 차별이 존재하며, 가족을 구성할 권리 또한 평등하게 보장

이런 감각이 중요해서, 성소수자들이 주거지를 선택할 때 성소수자 공동체 존재 여부가 중요한 선택 조건임을 밝히고 있다. 이는 "일상적으로 감각할 수 있는 물리적 공존의 연대가 중요하다는 것"을 보여주며(김순남, 『가족을 구성할 권리』, 오월의 봄, 2022, 142-146쪽), 그것이 기본적으로 퀴어들의 선택 가족 구성의 성격이기도 하다. '메종 드 히미코'라는 공간은 이런 물리적 공존의 장에 대한 상징으로 확장해서 이해될 수 있다.

되고 있지 않다"는 문제의식이 자리하고 있음을 강조한다. 하지만 가족구성권 논의가 단순히 권리에서 배제된 이들에게 동등한 권리를 부여해야 한다는 주장에 한정되지는 않는다. 오히려 구성된 권리 그 자체의 성격을 질문하고 해체해서 재구성하는 것에 가깝다. 그러므로 급진적으로 논의되는 가족구성권이란 "기존의 '주어진 권리'를 획득하는 차원의 개념이 아니라, 가족을 매개로 강제되어온 삶의 방식, 관계의 방식과 가족을 매개로 부여하는 '이상적인 시민'의 자격을 해체하는 개념"이다.

의존과 돌봄의 이야기를 마무리하면서 나는 이 선택 가족에 인간만이 포함되지는 않으리라는 이야기를 덧붙이고 싶어졌다. 그것이 『돌봄 선언』이 "다름을 넘나드는 돌봄" 파트에서 강조하고 있는 내용이자 그들이 말하는 '난잡한 돌봄'의 정치적 의미*이기도 하거니와, 나와

---

* 더 케어 컬렉티브는 "'비인간', 즉 동물과 환경에 관련하여 친족 관계는 어떻게 생각해야 할까?"라고 질문을 던지면서 중요한 케이스로 스탠딩 록(Standing Rock) 환경 운동을 언급한다. 스탠딩 록의 물을 지키고자 했던 이들에게 다코타 송유관 프로젝트에 저항하는 운동은 "곧 그들의 '친척'인 미니 쇼셰이, 즉 미주리강을 지키는 행위"였다는 것이다. 이에 대해 다코타족에게 '친족 관계'는 완성형이 아니라 서로 관계를 맺도록 친숙해져 가는 과정 그 자체라는 셈이 인상적이다.(75 79) 김순남은 『가족을 구성할 권리』에서 가족사회학자 데이비드 모건의 말을 인용하며 "가족

함께 사는 고양이 홍시와 호두에 대해 말하지 않는 것이 무언가 부당하게 느껴지기 때문이다. 홍시는 조금 전까지만 해도 일에 집중하는 나에게 다가와 내 다리에 자신의 이마를 비비며 나의 시간 속으로 미끄러져 들어오려고 했다. 하지만 내가 타자 치기를 멈추고 그를 내려다보자 새침한 표정으로 머리를 돌려 원래 뒹굴거리던 신상 스크래처로 돌아가버렸다. 그는 요즘 그 자리를 애용하고 있다. 나는 우리가 적절한 거리를 유지하며 서로를 사랑하는 법을 안다고 생각한다. 그건 지난 11년간 함께 지내온 시간 속에서 만들어진 상호 이해 같은 것이다. 하지만 그 11년의 과정을 그저 신나게 축하하고 긍정할 수 있을까?

나는 세계를 나름의 방식으로 이해하기 위해 노력하는 과정에서 인간의 집에서 인간과 함께 사는 동물에 대한 다양한 이야기를 듣고 읽었다. 인간이 자의적으로 행하는 중성화 수술의 폭력성은 가장 흔하게 접하는 비판

은 동사다"(55)라고 표현하기도 했다. 이때 더 케어 컬렉티브가 강조하는 난잡한 돌봄이란 "가볍거나 진정성 없는 돌봄을 의미하지 않는다. 가볍고 진정성 없이 거리를 두고 행하는 돌봄은 신자유주의적 돌봄이며 그 결과는 끔찍하다." 더 케어 컬렉티브는 "난잡한 돌봄이 가장 가까운 관계부터 가장 먼 관계에 이르기까지 돌봄의 관계를 재정립하며 증식해가는 윤리 원칙이라고 생각"한다.(81-82) 그리고 "이러한 돌봄은 인간과 비인간 구분 없이 모든 것에 적용된다".(85-86)

(혹은 비난)이었고, 감염병의 관점에서 박쥐보다는 집에서 함께 사는 고양이가 더 위험할 수 있다는 경고는 잘 몰랐던 정보였다. 동물을 인간의 의지에 따라 좁디좁은 집 안에 가둬놓는 것이 과연 옳으냐는 타당한 질문은 도시 생태계 안에서 더 적절한 방법을 찾을 수 없으므로 이번 생에서 '우리 셋'은 이 삶의 방식을 고수할 수밖에 없다는 생각으로 이어지기도 했다.

이런 고민 안에서 장애운동가이자 작가인 수나우라 테일러(Sunaura Taylor)는 또 다른 관점을 보여주었다. 그는 『짐을 끄는 짐승들(Beasts of Burden: Animal and Disability Liberation)』(2020)에서 자율성과 주체성, 고통을 느끼는 '능력' 등을 바탕으로 동물 해방을 주장하는 이들을 장애의 관점에서 비판하면서, 가축(혹은 반려동물이라 해도 무방하겠다)의 의존성을 비판하고 그들이 '자연' 상태에서는 마치 자유롭고 자율적이었을 것으로 상상하는 방식이 장애를 비롯해 "불가피한 의존"을 비하하는 자유주의적 태도와 연결되어 있다고 지적한다. 테일러의 논의를 티머시 모튼의 "자연 없는 생태학"과 붙여본다면 '동물이 자율적일 수 있는 자연'이란 건 인간의 인식 속에서 만들어진 '자연다움'이라는 유사 사실이다. 그건 그 자체로 거짓이 아닐 수도 있지만, 그렇다고 해서 '자연과 동물'에 대한 유일한 진실이자 모든 것은 아니다. 어느 지점에선가는 분명히 만들어지고, 과장되고, 강요된 생각인 것이다.

테일러는 이런 자립성과 자율성에 대한 자유주의적 환상을 비판하면서 인간은 타인에게 의존하면서 태어났고, 우리 대부분이 타인에게 의존하면서 삶을 끝낼 것이라고 강조한다. 여기서 중요한 건 "비장애인과 장애인 모두 똑같이 의존적이라는 점이 아니라, 자립과 의존의 이분법이 잘못되었다는 점"(350-351)이다. 자립과 자율이 중요한 가치로 논해지는 사회에서 돌봄은 그래도 주목을 받아왔지만 돌봄이 작동하기 위해서는 의존할 수 있어야 한다는 사실은 잘 논의되지 않았다. 반복적으로 말하고 있듯 의존은 언제나 문제적인 것, 부족한 것, 부정적인 것, 어떻게 해서든 피해야 할 것으로 여겨진 탓이다. 그러나 인간의 삶에서 돌보는 자와 의존하는 자가 그렇게 명확하게 구분되어 있지 않을뿐더러 돌봄과 의존은 분리 불가능하게 얽혀 있다. 그리고 그 안에서 상호 의존이 일어난다.

우리 모두는 의존의 스펙트럼을 따라 존재한다. 의존을 결코 부정적이거나 부자연스러운 것으로 이해하지 않는 것, 오히려 우리 세계와의 관계에 꼭 필요한 부분으로 이해하는 것이 우리의 과제다. 가족, 커뮤니티, 문화에 대한 우리(장애인)의 기여는 종종 간과되거나 철저히 부정되는데, 이는 장애인이 짐으로 간주되는 탓이다.(수나우라 테일러 2020, 352)

테일러는 여기서 멈추지 않는다. 그는 때로 동물 해방을 말하면서도 동물을 차별하는 이들이 존재한다고 지적하는데, 그들은 "가축화된 동물들의 의존과 부자연스러움"과 그 동물들의 "상정된 멍청함"을 연결하면서 "마치 그들이 '야생에서' 스스로 헤쳐나갈 수 없다는 사실이 그들의 우둔함을 증명한다는 듯"(354) 말하고 행동한다는 것이다. 비장애인의 "상정된" 정상성을 인간의 조건으로 여기고, 그렇게 인간의 다양한 장애와 의존을 폄하하고 차별하는 세계관은 결국 동물 안에서의 차별로도 이어지는 셈이다.

　인간의 돌봄과 의존에 대한 논의는 테일러가 동물 해방과 장애 해방을 연결하는 바로 그 지점에서 인간이 가축화된 동물과 만나 일어나는 상호 의존에 대한 논의로 나아간다. 나는 이 아름다운 도약 안에서 상호 의존의 질문에 대해 더 치열하게 생각해보고 싶다.

이것은 유토피아, 혹은 레퓨지아?

2007년 11월, 핀란드에서 끔찍한 사건이 벌어졌다. 18세 청년 페카-에릭 우비넨이 총기를 난사하여 여덟 명을 죽이고 자신에게도 총을 쏜 것이다. 궁극적인 자살*로 귀결된 다중 살인을 저지르기 전, 그는 이런 메시지를 남겼다. "인간은 과대평가되었다."

철학자 로지 브라이도티(2015)는 이 사건을 언급하면서 '안티-휴먼'이 우리 시대 포스트휴먼 인식론의 한

---

* 프랑코 '비포' 베라르디(Franco 'Bifo' Berardi)는 『죽음의 스펙터클(Heroes: Mass Murder and Suicide)』에서 우리 시대의 유행이 되어버린 자살과 다중 살인의 원인을 분석한다. 그에 따르면 가상과 현실의 경계가 모호해지고 돈조차 이미지가 되어버린 금융 자본주의 시대는 삶의 많은 부분을 비물질화하고 불확실하게 만든다. 그리고 이런 "일상생활의 불안정성, 노동시장의 폭력"은 많은 이들에게 불안과 공포를 선사한다. 이로부터 벗어나는 방법 중 하나가 자살과 살인이라는 것이다. 이에 더해 베라르디는 총기 소지가 자유로운 국가에서 살인은 '다중 살인'의 형태로 드러나고, 이는 종종 자살을 목표로 한다고 덧붙인다. 그런 의미에서 다중 살인은 때로 '궁극적인 자살'이 되기도 하는 셈이다.(프랑코 '비포' 베라르디, 『죽음의 스펙터클』, 송섬별 옮김, 반비, 2016)

기둥이 되었다는 사실을 염려한다. 그는 포스트모더니즘 논의들이 이런 반인간적 태도를 견지하고 있었음에 주목하면서 인간의 새로운 철학과 포스트휴먼적 사유를 "냉소적이고 허무적인 인간 혐오와 혼돈해서는 안 된다"(15)고 강조했다. 실제로 근대적 휴머니즘을 비판하고 인간 이후를 상상하고자 하는 흐름 안에서 인간 종의 목숨은 너무 자주, 그리고 너무 쉽게 하찮게 여겨진다. 스스로를 과대평가하지 않는 것은 중요하지만, 스스로를 하찮게 여기는 존재가 과연 타자는 존중할 수 있을까.

그리하여 이 책을 마무리하는 마지막 질문은 "우리는 어떻게 하면 인간 너머를 말하되 파괴적인 인간 혐오에 빠지지 않을 수 있을까?"이다.

이 질문 앞에서 나는 두 편의 포스트휴먼 신인류 서사를 떠올렸다. 하나는 위대한 작가 마거릿 애트우드(Margaret Atwood)의 포스트아포칼립스 서사 『오릭스와 크레이크(Oryx and Crake)』이고 다른 하나는 넷플릭스에서 2023년 4월에 시즌 2까지 선보인 드라마 〈스위트 투스: 사슴뿔을 가진 소년(Sweet Tooth)〉이다. 두 작품 모두 바이러스에 의한 전 지구적 팬데믹 이후의 세계를 묘사한다.

『오릭스와 크레이크』는 인간 종이 멸종한 뒤 새롭게 등장한 신인류인 '크레이커'들을 관찰하는 마지막 인류 '눈사람'의 이야기다. 눈사람의 친구인 '미친 과학자' 크레이크는 무소불위의 기업-국가가 지배하는 체제에 저항하면서 신인류 크레이커를 창조했다. 신인류는 인간 종의 형상을 하되 시기와 질투를 모르고, 종교적 믿음이나 우상숭배와는 무관하며, 자신의 오물을 먹어 양분화할 수 있으므로 다른 생명 종을 착취하지 않는다. 그들은 영토에 대한 관념이 없고, 따라서 전쟁 역시 그들의 세계관 안에는 존재하지 않는다. 게다가 이 신인류는 갸르릉거리는 소리로 스스로를 치유할 수 있는, 시트러스 향이 나는 아름다운 존재들이다. (이 향기는 모기와 해충으로부터 그들을 지킨다.) 그리고 이 아름다움 때문에 크레이커들은 포악한 인류와 붙어서는 아무런 승산이 없다. 크레이크가 크레이커들을 만든 뒤 '환희이상'이라는 약에 바이러스를 심어 현생 인류를 절멸시켜버린 이유다.

애트우드는 이 작품에 이어 『홍수의 해』, 『미친 아담』을 출간하면서 '미친 아담' 3부작을 완성한다. 2013년, 마거릿 애트우드는 「내가 『미친 아담』을 쓴 이유」라는 글을 이렇게 끝맺고 있다.

우리는 기이한 시대에 살고 있다. 한편에서는 온갖 생물학, 로봇공학, 디지털 기술이 매순간 발명과 발전을 거듭하며 한때 불가능이나 마법의 영역에 있었던 위업들을 실현하고 있다. 하지만 다른 한편으로 우리는 우리의 생물학적 터전을 숨 막히는 속도로 파괴하고 있다. 또 다른 한편으로는 수세기 동안 서구에서 찬양과 홍보의 대상이었던 민주주의가 첨단 감시 기술과 기업 자본의 힘에 의해 안에서부터 붕괴하고 있다. 현재 인간 사회는 세계 인구의 단 1퍼센트가 전체 부의 80퍼센트를 장악한 극단적 가분수 피라미드를 이룬다. 이는 본질적으로 위태로운 구조다.

이것이 우리가 이미 살고 있는 세상이다. '미친 아담' 3부작은 여기서 몇 걸음 더 나간 후 탐색에 들어갔을 뿐이다. 우리에게는 이미 미친 아담의 세계를 실현할 연장이 있다. 우리는 과연 그것을 사용하고 말 것인가?(마거릿 애트우드 2022, 291-292)

애트우드가 진단한 세계의 모습은 우리가 앞에서 살펴본 모든 상황과 정확하게 일치한다. 흥미로운 건 그가 인간의 멸종을 파국으로 여기지 않는다는 점이다. 그는 『오릭스와 크레이크』가 "디스토피아에 대한 이야기가 아니라 유토피아에 대한 이야기"라고 말하고 "종말을 맞이한 건 인간뿐이지 않은가"라고 되묻는다. 물론 이어진 작품들에서 그는 살아남은 인류에 대한 이야기를 통해 새로운 생태 관점의 가능성과 불가능성을 탐색해간다는 점에서 인간 종을 저주하는 작가는 확실히 아니다.

글로벌 미디어 플랫폼을 타고 전 세계로 스트리밍되는 상품인 〈스위트 투스〉는 명백하게 애트우드의 영향력 아래 있으면서도 그에 비하면 훨씬 인간 우호적이다. 이 작품의 시작점에 해당하는 H5G9은 "공식적으로 역사상 가장 치명적인 바이러스"다. 유례없이 강력한 전염력과 높은 치사율을 가진 이 물질 탓에 인류 문명은 빠르게 붕괴한다. 놀라운 건 H5G9 팬데믹과 함께 새로운 종이 인간의 몸을 통해 태어나기 시작했다는 점이다. 신인류 '하이브리드'의 탄생이다.

하이브리드는 크레이커와 마찬가지로 비인간 동물의 특성을 가지지만, 연구실에서 작위적으로 번식된 것이 아니기 때문에 그 특성들은 크레이커와 달리 다종다양하다. 사슴 하이브리드, 돼지 하이브리드, 악어 하이브리드 등 다양한 존재들이 태어나고, 이들은 개체마다 지능도, 신체 능력도, 얼마나 '인간적인지'도 다르다. 거의 인간 종처럼 보이는 개체도 있고, 훨씬 비인간 동물 종에 가까운 개체도 있다. 주인공은 최초의 하이브리드인 "사슴뿔을 가진 소년" 거스(크리스천 콘베리 분)다. (거스가 백인이고, 소년이며, 영어를 유창하게 구사하는, '정상 지능'과 빛나는 호기심의 소유자란 점에서 이 작품은 여전히 휴머니즘적이며, 그가 하이브리드들의 선지자가 될 것이란 점에선 다분히 종교적이다.)

거스는 연구소에서 태어났다. 거스를 만든 어머니 버디(에이미 세이메츠 분)는 '포트 스미스 연구소'에서 바이러스를 연구하는 생물학자였다. 버디는 인간의 생명을 구하고 인류의 노화를 늦춰 영생의 비밀을 찾아내려는 목적으로 연구를 수행하던 중 남극에서 아무도 찾지 못했던 기적과도 같은 '물질(바이러스)'을 발견한다. 그리고 그것이 이 감염병의 원인이 된다. 버디는 "우리가 연구한 내용이 잘못된 손에 들어가면 수많은 사람이 죽을 것"이라며 두려워하는데, 그 두려움을 입 밖으로 낸 바로 그날, 군이 포트 스미스를 장악하고 연구 성과를 가로챈다.

군이 포트 스미스에 밀고 들어온 날, 버디는 연구소 관리인 리처드 폭스(윌 포르테 분)와 하룻밤 데이트를 즐기던 참이었다. 연구소가 군 당국의 손에 들어갔다는 걸

안 버디는 연구소 인큐베이터 안에 있던 거스를 몰래 빼내 "반드시 찾으러 가겠다"는 약속과 함께 리처드에게 맡긴다. 이미 역사가 바뀌고 있다는 걸 감지한 리처드는 거스를 데리고 '옐로스톤 국립공원'의 깊은 숲속으로 숨어들고, 그곳에서 아무도 모르게 거스를 키운다. 리처드는 물건을 만들고 고치고 관리하는 것에 능한 인간이며, '동양학'을 연구한 인물이기도 하다. 자본의 힘과 더불어 고도화된 '과도한 테크놀로지'와는 다른, 일상을 가능하게 하는 작은 기술을 잘 다루는 사람인 것이다. 그리고 바로 그 작은 기술이 거스를 키운다. 깊은 숲속에서 거스가 안전하게 성장하는 7-8년 동안 옐로스톤 밖에서는 전염병의 창궐과 함께 '우리가 알던 세계'가 완전히 무너져 내린다.

거스가 아홉 살이 되던 날, 리처드는 외부에서 들어온 '라스트맨(마지막 인류)'에게 살해당하고, 거스는 아빠와 자신만의 안온한 숲속 오두막을 벗어나 세상으로 나아간다. 라스트맨들은 총과 무기를 독점하고 폭력을 휘두르며 하이브리드들의 절멸과 인류의 보존을 주창하는 군사화된 집단이다. 그들은 하이브리드에게 H5G9 치료의 비밀이 숨어 있다고 생각한다. 하이드리드가 이 치명적인 전염병에 대한 면역을 타고나기 때문이다. 그러므로 라스트맨들은 안 그래도 불쾌한 하이브리드의 살상을 마다하지 않을뿐더러, 그들을 재료 삼아 치료제와 백신 개발을 위한 '동물실험'을 계속한다. 옐로스톤을 떠난 거스에게 주어진 서사적 임무는 라스트맨들을 피해 이 모든 사태의 열쇠를 쥐고 있는 어머니 버디를 찾는 일이다. 그는 라스트맨과 달리 하이브리드와의 공존을 모색하거나 혹은 이제 인류의 시간은 끝났다고 생각하는 인간들을 만나 그들에게 의존하기도 하고 협력하기도 하면서 하이브리드 공동체를 만들기 시작한다.

〈스위트 투스〉의 세계는 디스토피아일까 유토피아일까? 사실 이 작품은 "우리 다 망했다"고 외치는 디스토피아에 대한 이야기도, 존재한다면 좋겠지만 사실은 불가능한 세계인 유토피아에 대한 이야기도 아니다. 이 작품은 지금 지구에서 사라지고 있는 다양한 생명 종의 피난처, 레퓨지아에 대한 이야기다. 해러웨이는 쑬루세를 '경계적 사건'으로 만들기 위해 우리가 필멸의 존재라는 걸 받아들이고 애나 칭이 말했던 레퓨지아, 즉 피난처를 재구축하자고 제안했다. 애나 칭에게 레퓨지아는 확산(proliferation)의 욕망이 아닌 회복력(resilience)을 담지한 물리적 공간이다. 〈스위트 투스〉에는 레퓨지아를 건설한 이들이 등장한다. 리처드는 오두막을 가꾸었고, 덩치(논소 아노지 분)는 거스를 위한 최소한의 안전지대를 형성한다. 에이미(다니아 라미레스 분)는 과거의 동물원을 지금의 하이브리드 피난처로 바꾸었으며, 베키(스테파니아 라비 오언 분)는 하이브리드와의 공존을 꿈꾸는 청년들만의 요새를 세운다. 이 피난처는 하이브리드뿐 아니라 인간 역시 몸을 누일 수 있는 곳이다.

이때 하이브리드들은 폐허 속에서 등장하는 송이버섯과도 같다. 애나 칭(2023)에 따르면 송이버섯은 인류 문명의 최신 버전이라고 할 수 있는 글로벌 자본주의가 형성한 매트릭스를 교란하며 다양한 물질 간의 새로운 배치를 만들어낸다. 무엇보다 폐허를 견뎌 생명을 만들어내는 존재이기도 하다. 애나 칭이 주목하는 상징적인 케이스는 1945년 원자폭탄으로 파괴된 히로시마에 처음으로 등장한 생명 종인 송이버섯이었다. "자연을 지배하고자 하는 인간의 꿈이 절정에 달했을 때" 인간의 손에 쥐여진 원자폭탄(그래서 원폭을 개발하는 맨해튼 프로젝트를 이끌었던 오펜하이머를 '아메리칸 프로메테우스'라 부른다)이 손상한 세계에서 송이버섯은 또 다른 생태계를 형성하기 시작했다.

송이버섯 곰팡이는 소나무와 만나면 모래밭이나 바위산도 풍요로운 소나무 숲으로 변화시킨다. 소나무는 활엽수와의 경쟁에서 이기지 못하고 척박한 땅으로 밀려나곤 하는데, 그렇게 밀려난 소나무의 뿌리는 송이버섯 곰팡이의 거주 공간이 된다. 곰팡이는 그곳에 기생하면서 땅의 양분을 소화해 소나무에게 제공한다. 그렇게 소나무는 척박한 땅에서 양분을 흡수하며 살아남을 수 있게 되고, 숲이 되어간다. 그리고 숲이 형성되기 시작하면 이와 함께 셀 수 없이 다양한 생물 종과 비생물 물질의 인트라-액션 역시 활성화된다. 그 숲안에는 당연히 인간도 있다. 인간은 소나무 숲으로부터 삶을 지속할 자원을 얻고, 물론 송이버섯도 얻는다. 흥미로운 건 굉장히 비싸고 고급스러운 식재료이면서 인간의 농업기술로 양식할 수 없는 거의 유일한 생물이라 송이버섯 시장은 다른 어떤 기술보다 사람들의 채집 활동에 기댈 수밖에 없다는 점이다. 이 모든 이야기가 애나 칭의 『세계 끝의 버섯(The Mushroom at the End of the World)』에 '비단에 새긴 수'(수라)와도 같이 기록되어 있다.

'라스트맨'의 리더 애벗(닐 샌딜랜드 분)은 '동물실험'

을 피해 도망가려는 거스를 '포획'한 뒤 이렇게 묻는다. "널 원치 않는 게 분명한 세상에서 왜 그리 살려고 발버둥 치는 거야?" 거스가 답한다. "세상이 원치 않는 건 그쪽일 수 있죠." 그러니까 이 세상이 원치 않는 건 휴머니즘에 사로잡혀 무엇이든 착취하려 드는 태도다. 이처럼 위태롭게도 '세계의 끝'에 다다르고 있는 건 자본주의에 기댄 북반구적 삶의 양식일 뿐이고, 위기는 거기에서 멈추도록 해야 한다. 그 과정에서 인간의 힘은 굳이 필요하지 않을 수도 있지만, 인간이 생존하기 위해서는 인간 자신의 노력이 필요하다.

그리고 당연한 이야기이지만 그런 노력을 기울이고 있는 아름다운 인간들은 〈스위트 투스〉 같은 허구의 이야기뿐만 아니라 화면 밖에도 존재한다. 예컨대 새만금의 마지막 갯벌 수라를 지키기 위해 20년이 넘는 시간을 버티고 있는 이들을 우리 인간의 서사에서 지워버린다면, 그건 부당할 뿐만 아니라 정확하지도 않은 서술이 될 것이다. 파국이라는 감각을 지닌 채 살아가면서 끊임없이 냉소하던 내가 크레이크적 태도에서 에이미적 태도로 서서히 옮겨 가고 있는 건 바로 그런 사람들 덕분이다.

나의 관람과 독서의 목록은 여전히 계속 쌓이고 있

다. 이 책을 쓰면서도 종종 글을 읽었고, 더 읽지 못했다는 사실이 나를 두렵게 한다. 하지만 일단은 여기서 멈추고 길고 길었던 초대장을 마무리하겠다. 여기까지 와서야 내가 하고 싶었던 작업이 이야기의 네트워크를 짜는 일이었음을 알게 되었다. 페미니스트 문화 비평이 언제나 내 작업의 중심이지만, 이는 필연적으로 페미니즘으로 분류되지 않을 수도 있는 다양한 관심사들과 연결되어 있었다. 그 관심사들이 어디에서 어떻게 만나고 헤어지는지에 대한 아이디어를 당신과 나눌 수 있어 즐거웠다. 이후에는 당신과 함께 읽고, 보고, 이야기 나눌 수 있다면 좋겠다. 당신이 여기까지 도달했다면, 이미 내 삶은 당신이 이 책과 함께 보낸 시간의 영향을 받아 또 조금 바뀌어 있을 것이다. 감사하다.

호모 이그노란스의 게으름을 떨치고 이 책을 써야겠다는 생각을 한 건 2020년 중반, 코로나 바이러스가 맹위를 떨치던 시기였다. 사건의 한가운데에서 생각만 복잡할 뿐 하나의 줄기를 만드는 것이 쉽지 않았다. 그렇게 머릿속을 떠다니던 생각을 구체화하고 글이라는 신체를 부여하기까지 3년이 넘게 걸렸다. 사이사이에 보고 읽은 것들, 그리고 듣고 경험한 것들에 대한 추상적인 아이디어를 칼럼이나 소논문의 형태로 정리했는데, 덕분에 책을 쓰겠다는 용기를 낼 수 있었다.

글 목록에는 학술지 《젠더와 문화》에 게재한 「인류세 시대 대중문화의 포스트휴먼화와 레퓨지아의 윤리: 〈이어스 앤 이어스〉(BBC)와 〈서던리치: 소멸의 땅〉(2018)의 '인간-이후' 형상 비교」, 《프레시안》에 기고한 「'힐링' 비판하는 '진보'의 믿음도 환상의 위안일 뿐」, 《한겨레》

에 기고한 「새만금은 끝난 줄 알았는데, 마지막 갯벌 '수라'에 다시 생명이…」, 「능력자 너구리, 인간중심주의를 반격하다」, 「불복종을 찬양하라, 세계의 질서 부수는 나무토막」, 「버튼 하나로 인간 욕구를 채울 수 있다면」, 《씨네21》에 기고한 「'아바타: 물의 길'의 스토리에 대하여」, '전쟁없는세상' 블로그에 게재했던 「'역사적 남성성'에 도전하면서 시민권을 새롭게 상상할 수 있을까?—여성 영웅과 군사주의」, 「공주들의 세계, 영토의 경계 안에 갇힌 상상력」, 《문학인》에 수록된 「비단에 새긴 수처럼 아름답다」, 그리고 《경향신문》에 기고한 「의존과 돌봄의 '쓴맛'」 등이 포함된다. 물론 모든 글은 이 책에서 새롭게 만나 또 다른 의미를 형성하는 과정에서 어떤 식으로든 변형되고 부연되었다.

책을 쓰면서 영향을 받고 도움을 얻은 사람들을 다 언급하기는 어렵다. 코로나 팬데믹 직후에 만나 적지 않은 시간을 함께 보내며 생각을 섞어준 경희대 비교문화연구소 동료들과 함께 '전쟁과여성영화제'를 준비하면서 군사주의와 남성성에 대한 고민을 나누어준 프로젝트 38 멤버들에게만은 감사의 마음을 전하고 싶고, 인내심으로 원고를 기다려주신 메멘토 박숙희 선생님께 감사드린다.

그리고 그 어느 때보다도 사랑하는 조카 HS 생각을 많이
했다.

문헌

가라타니 고진, 『네이션과 미학』, 조영일 옮김, 도서출판b, 2009.

김도현, 『장애학의 도전』, 오월의봄, 2019.

김순남, 『가족을 구성할 권리』, 오월의봄, 2022.

김영옥, 『늙어감을 사랑하게 된 사람들』, 위즈덤하우스, 2023.

김효정, 「피노키오와 리소르지멘토」, 《이탈리아어문학》 No.58, 2019.

니겔 로스펠스, 『동물원의 탄생』, 이한중 옮김, 지호, 2003.

다이애나 쿨·사만타 프로스트, 『신유물론 패러다임』, 박준영·김종갑
옮김, 그린비, 2023.

데이비드 하비, 『신자유주의—간략한 역사』, 최병두 옮김, 한울, 2014.

도나 해러웨이, 『유인원, 사이보그, 그리고 여자』, 민경숙 옮김, 동문
선, 2002.

_____, 「인류세, 자본세, 대농장세, 툴루세—친족 만들기」, 김상민 옮
김, 『문화/과학』 97호, 2019.

_____, 「반려종 선언: 개, 사람 그리고 소중한 타자성」, 『해러웨이 선
언문』, 황희선 옮김, 책세상, 2019.

_____, 『트러블과 함께하기』, 최유미 옮김, 마농지, 2021.

더 케어 컬렉티브, 『돌봄 선언』, 정소영 옮김, 니케북스, 2021.

R.W. 코넬, 『남성성/들』, 안상욱·현민 옮김, 이매진, 2013.

로즈마리 퍼트넘 통·티나 페르난디스 보츠, 『페미니즘: 교차하는 관

점들』, 김동진 옮김, 학이시습, 2019.

로지 브라이도티, 『포스트휴먼』, 이경란 옮김, 아카넷, 2015.

리베카 솔닛, 『남자들은 자꾸 나를 가르치려 든다』, 김명남 옮김, 창비, 2015.

리 험버, 「질병은 왜 확산되는가?: 자본주의와 농축산업」, 장호종 편, 『코로나19—자본주의의 모순이 낳은 재난』, 책갈피, 2020.

마거릿 애트우드, 『타오르는 질문들』, 이재경 옮김, 위즈덤하우스, 2022.

마리아 미즈, 『가부장제와 자본주의』, 최재인 옮김, 갈무리, 2014.

마이클 테너슨, 『인간 이후: 인류의 대량 멸종과 그 이후의 세상』, 이한음 옮김, 쌤앤파커스, 2017.

마크 피셔, 『자본주의 리얼리즘』, 박진철 옮김, 리시올, 2018.

바바라 크리드, 『여성괴물, 억압과 위반 사이』, 손희정 옮김, 여성문화이론연구소, 2017.

박정원, 「〈셰이프 오브 워터: 사랑의 모양〉의 아마존 비인간 주체와 세계의 재마법화」, 《비교문화연구》 제62호, 2021.

손희정, 「21세기 한국영화와 네이션」, 중앙대학교 첨단영상대학원 박사학위논문, 2014.

_____, 「다시, 물질: '디지털 페미니즘'이라는 정치적 기획에 대한 노트」, 《문화/과학》 104호, 2020.

_____, 『당신이 그린 우주를 보았다』, 마음산책, 2021.

_____, 「로봇은 젠더 플루이드를 꿈꾸는가」, 구본권 외, 『4차 산업혁명 시대, 인문학에 길을 묻다』, 이화여자대학교 이화인문과학원, 2018.

_____, 「젠더링 뉴노멀」, 김만권·손희정 외, 『도래할 유토피아들』, 알렙, 2021.

_____, 「창살과 영혼」, 강현석·김영옥 외, 『제로의 책』, 돛과닻, 2022.

송대섭, 「코로나19의 출현과 질병X의 시대」, 《스켑틱》vol.21, 2020.

수나우라 테일러, 『짐을 끄는 짐승들』, 이마즈 유리·장한길 옮김, 오월의봄, 2020.

슈테판 헤어브레히터, 『포스트휴머니즘』, 김연순·김응준 옮김, 성균관대학교출판부, 2012.

신시아 인로, 『바나나, 해변, 그리고 군사기지』, 권인숙 옮김, 청년사, 2011.

_____, 『군사주의는 어떻게 패션이 되었을까—지구화, 군사주의, 젠더』, 김엘리·오미영 옮김, 바다출판사, 2015.

아미타브 고시, 『대혼란의 시대』, 김홍옥 옮김, 에코리브르, 2021.

_____, 『육두구의 저주』, 김홍옥 옮김, 에코리브르, 2022.

알렉스 캘리니코스, 「바이러스로부터 자본주의만 구제하려는 지배자들, 사람은 아직」, 장호종 편, 『코로나19, 자본주의의 모순이 낳은 재난』, 책갈피, 2020.

애나 로웬하웁트 칭, 『세계 끝의 버섯』, 노고운 옮김, 현실문화, 2023.

앤디 자이슬러, 『페미니즘을 팝니다』, 안진이 옮김, 세종서적, 2018.

엄기호, 「신자유주의 이후, 새로운 남성성의 가능성/불가능성」, 권김현영 외, 『남성성과 젠더』, 자음과 모음, 2011.

에두아르두 비베이루스 지 까스뜨루, 『식인의 형이상학: 탈구조적 인류학의 흐름들』, 박이대승·박수경 옮김, 후마니타스, 2018.

에바 페더 키테이, 『돌봄: 사랑의 노동』, 김희강·나상원 옮김, 박영사,

2016.

에이드리언 리치, 「강제적 이성애와 레즈비언 존재」, 『우리 죽은 자들이 깨어날 때』, 이주혜 옮김, 바다출판사, 2020.

N. 캐서린 헤일스, 『우리는 어떻게 포스트휴먼이 되었는가』, 허진 옮김, 열린책들, 2013.

엘리자베스 콜버트, 「문명과 멸종」, 그레타 툰베리 엮음, 『기후 책』, 이순희 옮김, 김영사, 2023.

이동현, 「해설: 끝없이 확장되는 위어드 픽션의 영역」, 제프 밴더미어, 『소멸의 땅』, 정대단 옮김, 황금가지, 2017.

이용석, 『병역거부의 질문들—군대도, 전쟁도 당연하지 않다』, 오월의 봄, 2021.

_____, 『평화는 처음이라』, 빨간소금, 2021.

이지행, 「파국과 영화: 21세기 영화에 나타난 파국의 감정구조」, 중앙대학교 첨단영상대학원 박사학위논문, 2015.

제인 베넷, 『생동하는 물질: 사물에 대한 정치 생태학』, 문성재 옮김, 현실문화, 2020.

제임스 러브록, 『가이아—살아 있는 생명체로서의 지구』, 홍욱희 옮김, 갈라파고스, 2004.

조기현, 『아빠의 아빠가 되었다』, 이매진, 2019.

조수진, 『2053년 이후, 그 행성 이야기』, 글로연, 2023.

조혜영, 「신체에서 신체로 미끄러지기—디지털 블록버스터 관객성은 어떻게 장애화된 신체를 대가로 구성되는가?」, 《문학동네》 2021년 여름 통권 107호, 문학동네, 2021.

존 그레이, 『하찮은 인간, 호모 라피엔스』, 김승진 옮김, 이후, 2010.

_____,『동물들의 침묵』, 김승진 옮김, 이후, 2014.

전고운, 「이 세계의 스테레오타입은 너무 지루하지 않은가」, 한국여성
노동자회·손희정 기획,『을들의 당나귀 귀 2』, 후마니타스, 2022.

최재천, 「바이러스 3–5년마다 창궐한다―인류는 어떻게 살아남아야
하는가」, 김누리 외,『코로나 사피엔스』, 인플루엔셜, 2020.

클라이브 해밀턴,『인류세』, 정서진 옮김, 이상북스, 2018.

티머시 모튼,『생태적 삶』, 김태한 옮김, 앨피, 2023.

프랑코 '비포' 베라르디,『죽음의 스펙터클』, 송섬별 옮김, 반비, 2016.

피터 브래넌, 「지구에 새겨진 이산화탄소의 역사」, 그레타 툰베리 엮
음,『기후 책』, 이순희 옮김, 김영사, 2023.

피터 S. 알레고나,『어쩌다 숲』, 김지원 옮김, 이케이북, 2022.

헤시오도스,『신들의 계보』, 천병희 옮김, 도서출판 숲, 2009.

Déborah Danowski·Eduardo Viveiros de Castro, *The Ends of the World*, Ro-
drigo Nunes trans, Polity Press, 2017.

Hi'ilei Julia Kawehipuaakahaopulani Hobart·Tamara Kneese, "Radical
Care", *Social Text* 142 Vol.38, No.1, March 2020.

Jill S. Schneiderman, "The Anthropocene Controversy", Richard Grusin
ed., *Anthropocene Feminism*, London: University of Minnesota Press,
2017.

Karen Barad, *Meeting the Universe Halfway: Quantum Physics and the Entangle-
ment of Matter and Meaning*, Durham: Duke UP, 2007.

Timothy Morton, *Ecology without Nature: Rethinking Environmental Aesthetics*,
Harvard University Press, 2009.

Timothy Morton, *Hyperobjects: Philosophy and Ecology after the End of the World*, Minneapolis: University of Minnesota Press, 2013.

기사

곽승욱, 「좋은 놈, 나쁜 놈, 이상한 놈이 '무지'를 선택하는 이유」, 《DBR》, 2023.04. https://dbr.donga.com/article/view/1202/article_no/10813/ac/magazine(최종 검색일: 2023년 11월 28일)

김나희, 「새만금 사업 성공 포장 위해 폭염 속 잼버리 강행해서는 안 된다」, 《BabyNews》, 2023.08.04. https://www.ibabynews.com/news/articleView.html?idxno=112201&fbclid=IwAR1ZvOQ8AuE-V1Cr7PRpS2WQ6IWlyVgahYdzkt3l_o8tCwxGIOc3S4jODhm4(최종 검색일: 2023년 8월 6일)

김혜리, 「사람 쪄죽이는 더위, '불법' 될 수 있을까?」, 《경향신문》, 2023.08.06. https://www.khan.co.kr/national/court-law/article/202308061744001(최종 검색일: 2023년 8월 7일)

윤보미, 「5년간 세계 무기 거래량 줄었지만 한국·일본·호주, 수입 급증!」, 《브레이크뉴스》, 2022.03.15. https://www.breaknews.com/878704(최종 검색일: 2023년 8월 12일)

이완, 「'투명노동' 벗어나 이제 '플랫폼 노동자'로… 가사근로자법 공포」, 《한겨레》, 2021.06.08. https://www.hani.co.kr/arti/politics/bluehouse/998520.html(최종 검색일: 2023년 8월 14일)

Samuel Spencer, "'I Care a Lot': The Shocking True Stories Behind the

Netflix Movie", *Newsweek*, 02/24/2021. https://www.newsweek.com/i-care-lot-real-life-true-story-marla-grayson-1571600(최종 검색일: 2023년 10월 24일)

"Meet Erika the Red: Viking women were warriors too, say scientists", *Guardian*, 11/02/2019. https://www.theguardian.com/uk-news/2019/nov/02/viking-woman-warrior-face-reconstruction-national-geographic-documentary(최종 검색일: 2023년 10월 24일)

임박한 혹은 도래한, 혹은 우리가 이미 살고 있는 파국에 관하여

김영옥(생애문화연구소 옥희살롱 공동대표)

『손상된 행성에서 더 나은 파국을 상상하기』는 중요한, 매우 중요한 질문에서 출발한다. '세상은 망했다'라든가 '망해가고 있다'라는 말이 왜 더 이상 충격을 주는 진단이 되지 못하고 쾌락을 제공하는 스펙터클이나 이야깃거리가 되고 있나. 왜 뼈아픈 반성의 힘으로 전향을 도모하기보다, 무뎌지고 무감각해진 신경으로 더 센 자극을 찾아 두리번거리는가. 나 포함, 너 포함, 모두 다 멍청이들! 하고 한탄만 하기에는 상황이 너무 심각하고 너무 전면적이다. 저자는 책임지(려)는 진단과 쾌락적 소비 사이에 교통 가능한 지도를 그려봄으로써 질문에 답하려 한다. 이 지도는 일종의 이야기 네트워크로 구성되어 있다. 성심성의껏 이야기를 이어나가는 저자의 태도에 전염되어 나는 그것을 하나의 성좌로 재구성해보았다.

이 성좌는 북두칠성의 모양을 하고 있다. 7개의 별은 각각 쑬루세(Chthulucene), 포스트휴먼, 신유물론, 페미니즘, 오드킨(odd kin), 돌봄, 레퓨지아(refugia)이다. 이 성좌의 이름은 '북두칠성'이나 '큰 국자(The Big Dipper)'가 아니라 '우리가 함께 살 지구 행성'이다. 이름은 바뀌었지만 항해할 때 길잡이가 되어준다는 북두칠성의 본래 역할은 여전하다. 7개의 별은 서로서로 다른 별들의 빛을 흡수하고 또 반사하며 자신의 빛을 발한다. 이 성좌의 핵심 특성은 소위 아버지의 법을 구축하고, 동시에 아버지의 법 위에서 구축된 것들의 전면적인 권위 박탈이다. 가차 없는 폐위다. 헤게모니적 남성성을 비롯해, 발전주의 진보 사관과 문명, 이성과 정신, 초월성, 이성과 정신과 초월성을 근간으로 하는 비의존적 자립 '인간', 정상 가족, 이상적 시민권, 군사주의, 자본주의 등이 바로 그것이다. 항목은 얼마든지 더 늘어날 수 있다. 이것은 일종의 관념, 가치, 목표, 감정, 태도, 행동 등이 혼합된 이데올로기 클러스터라고 부를 수 있다. 근대 이후 계속해서 지배적 위력을 행사한 이 클러스터를 전면적으로 폐위시키는 건 거의 불가능해 보인다. 그러나 불가능해 보인다는 감각은 클러스터의 효과일 뿐이기도 하다. 삶을 이루는 복잡다단하고 비균질적인 일상의 수행 속에서 이 클러스터는 밀려나고 다시 또 밀고 들어오는 크고 작은 대항과 반격의 물결 속에서 흩어지고 찢어지고 부서지며, 변형되고 있다.

7개의 별로 돌아가 보자. 이 책을 읽는 사람의 평소 신념, 태도, 취향, 관심 등에 따라 성좌의 별은 달라질 수 있다. 예를 들어 오드킨이 저 성좌에서 함께 빛나야 하는 건, 카프카의 단편 「가장의 근심」에 나오는 오드라데크 (Odradek)가 내게 특별한 존재이기 때문이다. 인간 종 내부의 혈족이 아닌 다른 종들과의, 뭇 존재들 간의 공진화와 공생을 가리키는 오드킨의 문화적 선조는 오드라데크다. '훗날 내 아이들과 내 아이들의 아이들의 발 앞에서도 여전히 노끈을 끌며 계단을 굴러 내려갈' 오드라데크, 가장을 근심케 하는 이 존재는 대문자 소문자 할 것 없이 아버지의 이름을 앞세운 모든 가부장제 질서의 멈추지 않는 멀미가 아닐 수 없다. 쑬루세는, 인류세라는 말이 강제하는 덧없는 죄책감(이 모든 게 인류의 책임이야! 라고 윽박지르지만, 도대체 '인류'는 누구지?) 대신 우리 한 사람 한 사람이 살아생전, 그리고 죽어서도 모두 보람 있게 잘

'썩고 섞여' 다른 무엇의 토양이 되자고, 흙과 함께 흙의 공동체에 속한 삶을 살자고 청한다. 죄책감이 아닌 희망을 자양분으로 삼는 '하자'의 제안이다. 이렇게 사는 인간은 더 이상 휴먼(human)이 아니라 테란(terran)이다. 지구를 뜻하는 라틴어 테라(Terra)에서 유래한 테란은 오인된 자기 이해에 토대를 둔 오만한 인간 이후를 사는 포스트휴먼이다. 인간은 르네상스를 거쳐 특히 근대 국민국가 이래로 매우 편협한 자기 이해의 바벨탑을 쌓아왔다. 자연을 정복해 문명 세계를 건설할 장대한 임무를 띤 주체라는 게 바로 그 오인된 정체성이다.

물질세계와 상징세계가 뒤섞이는 역사의 흐름 속에서 자연은 여성, 남반부/인민, 성소수자, 장애인, 백인 이외의 인종과 종족, 계급적 약자, 비인간 생명체와 물질, 감정, 수동성, 의존 등을 포함하는 범주로 굳어졌다. 문명 세계를 건설하는 주체, 시간의 불가역성을 믿으며 앞을 향한 끝없는 행진을 발전과 진보로 여기는 주체. 이 주체로 자기 자신을 호명한 '인간'이 누구인지는 나열된 항목의 반대 항목을 찾으면 알 수 있다. 이런 '인간'의 오인과 오만, 그것이 가져온 파국을 직면하며 테란/포스트휴먼은 존재하는 것은 모두 예외 없이 서로 영향을 주고 받으며, 서로 형성 중인 관계에 있다고 깨닫는 중이다. 존재는 '이미 완결된 형태'로 있지 않고, 서로 만나고 스미고 충돌하며 영향을 주고받는 가운데 '비로소, 계속 새롭게 형성'된다. 이러한 신유물론의 인식론은 만물로 확장된다. 테란/포스트휴먼은 모든 존재하는 것들로 이루어진 자연-문화-연속체의 하나일 뿐이다. '뿐이다'라는 이 말을 비하나 겸손이 아니라, 공진화와 공존의 해방으로 느끼는 감각이 회복되어야 한다. 너무나 까마득히 먼, 까맣게 잊어버린 감각이니 어떻게든 연습해서 조금씩 활성화해야 한다. 이 연습은 몸에서 몸을 통해 몸으로 해야 한다. 뇌에 기록되고 축적된 데이터가 아니라 몸이 겪은, 그래서 몸에 스미고 새겨진 경험/기억이 타자와 나의 연속 형성을 느끼고 알게 해준다는 사실이 중요하다. 분자적 차원에서도 마찬가지다. 페미니스트들은 그 어떤 집단보다 체현된 경험을 중시했다. 사람과 사람 사이, 사람과 사물 사이, 사람과 역사적 사건 사이 등 모든 직접적이고 간접적인, 촘촘하고 느슨한 관계와 연결망에서 생성된 인식과 지식의 토대는 체현된 경험이었다.

관계뿐 아니라 존재 자체가 '서로 형성'의 성격을 띤다는 신유물론의 발견과 존재론은, 그동안 페미니스트 돌봄 윤리나 정치가 제시한 서로 의존과 서로 돌봄을 더 치열하게 사유하고 행할 수 있도록 도울 것이다. 이 감각을 훈련하고 체화하려는 노력을 포기하지 않는 사람들이 모여서 '우리'를 이룬다. '우리'는 무엇을 원하는가. 근대에 국민국가가 자본주의, 가부장제, 제국주의, 군사주의 등과 손잡고 앞세운 저 '인간'이 아닌, '우리 사람'의 이름으로 무엇을 할 수 있을까. 이 책을 읽으며 6장에 다다른 독자라면 '우리는 레퓨지아가 되고 싶다. 레퓨지아를 만들고 지키고 싶다'고 외칠 것이다.

7개의 별로 빛나는 성좌 '우리가 함께 살 지구 행성'은 큰 국자의 모양을 하고 있다. 국자 안에는 산소와 물과 따뜻한 음식과 옷, 미소와 위로의 목소리가 있다. 어서 오라고 자리를 내어주는 몸짓이 있다. 이미 이 국자가 필요한 사람과 동물, 존재가 많다. 정말, 너무나, 많다. 그리고 물론 이 돌봄과 나눔의 국자는 우리의 필요이기도 하다. 마지막 장소들은 우리 모두의 장소일 테니까.

이 책은 파국을 다루지만 냉소적이지 않고, 허무주의에 빠지지 않고, 낭만적으로 영적이지 않고, 직관으로 선언하지 않고, 혼자 사유하지 않는다. 파국을 진단하는 사람들, 파국을 대하는 태도들, 파국 너머를 상상하는 사람들을 검토하면서 나쁜 세력에 주목하기보다는 부상하는 대항 역능에 주목한다. 내가 그린 저 성좌는 이 대항 역능의 마디들이다. 꼭 필요한 곳에 적절한 설명과 적합한 용어와 개념어가 나타나는 친절한 이 책을 길라잡이 삼아 독자들은 파국에 관해 진지하면서 지루하지 않은 워크숍을 열어도 좋겠다, 나처럼 성좌를 그리면서, 성좌를 잇는 이야기를 만들면서. 저자가 소개한 피노키오나 사슴뿔을 가진 소년, 모아나뿐 아니라, 독자인 당신들이 찾아낸 오드킨들의 등장으로 그 이야기가 더 풍요롭고 다채로워질 것을 기대한다.

메멘토문고·나의독법 06

손상된 행성에서
더 나은 파국을 상상하기

자본주의의 끝과 인간-너머를 말하다

초판 1쇄 발행 2024년 2월 19일
초판 3쇄 발행 2024년 12월 10일

지은이 손희정
교정자 박기효
디자이너 위드텍스트 이지선

펴낸이 박숙희
펴낸곳 메멘토
신고 2012년 2월 8일 제25100-2012-32호
주소 서울시 은평구 연서로26길 9-3(대조동) 동양오피스텔 301호
전화 070-8256-1543 팩스 0505-330-1543
전자우편 memento@mementopub.kr

ISBN 979-11-92099-29-3 (04330)
ISBN 978-89-98614-91-1 (세트)

파본은 구입하신 서점에서 바꾸어 드립니다. 책값은 뒤표지에 있습니다.

*이 저서는 2021년 대한민국 교육부와 한국연구재단이 지원을 받아 수행된
연구입니다.(NRF-2021S1A5B8096142)